OÙ VAS-TU IRLANDE ?

DOMINIQUE LE MEUR

OÙ VAS-TU IRLANDE ?

ROMAN

COOP BREIZH

ISBN 2-84346-041-7

Kerangwenn / 29540 Spézet

à Janine et Jean
à Siobhán
au Gros Soot

PREMIÈRE PARTIE

Les mots noirs

I

« … Un écroulement brutal, la dérive inexorable d'un monde… La métamorphose d'un bourgeon en fleur fanée. »

Assis à sa table de plastique blanc, Stiofán relut ces derniers mots et continua d'écrire l'histoire de sa vie.

« Ce fut encore une de ces nuits sans sommeil, sans paix où les rêves sont brisés par le cauchemar de la réalité. Je me réveillai en sursaut, le cœur ruant dans ma poitrine. Des cris, des coups de feu, des portières qui claquent. Cette fois j'en étais sûr, ils étaient dans notre rue. J'entendis mon père descendre l'escalier. Je l'imaginais dans la cuisine sombre, jetant des regards anxieux à travers les rideaux de la fenêtre. Ma mère était restée dans la chambre. Elle devait être en train de prier pour nous. C'était sa façon à elle de résister. Elle trouvait dans la prière des réponses à sa peur. Elle avait maintes fois supplié mon père de partir, mais il n'avait pas cédé. Pas question de quitter notre maison ni nos racines. L'armée britannique viendrait bientôt et mettrait de l'ordre dans cette violence. Il ne fallait surtout pas perdre espoir… Les mères ne savent pas qu'il faut lutter pour vaincre. Mourir aussi.

En fait, ce soir-là, notre rue était calme. Ils étaient ailleurs. Proches, mais ailleurs. Nous avions gagné une nuit. Mon père remonta quelques minutes plus tard et je les entendis discuter dans leur chambre. Je percevais seulement le son de leur voix, pas leurs paroles. Je devinais pourtant les mots. Ma mère ne vint pas me voir pour me rassurer. Elle colla juste son oreille à la porte de ma chambre. Je ne sortis pas pour la rejoindre. Je devais apprendre à vivre avec ma peur. Elle resta comme ça quelques secondes, attentive au moindre mouvement. Puis, comme je ne bougeais pas, retourna près de mon père. Je restai assis sur mon lit de longues minutes, pétrifié à l'écoute du drame des familles et des vies brisées. Belfast était en flammes. La mort sauvage et sectaire rôdait dans nos quartiers, nos rues, nos humbles maisons. Dehors, le calme revint peu à peu. Je me levai et écartai prudemment le rideau. À quelques blocs de maisons, plusieurs bungalows brûlaient. Je regardai ces flammes oranges déchirer le ciel d'encre. Un jour, ils viendraient chez nous et nous chasseraient de notre maison. Declan m'avait raconté des choses terribles. Sa famille avait été chassée, son père emprisonné, ses sœurs et sa mère violentées. Des hommes en armes étaient venus mettre à sac leur maison avant d'y mettre le feu. Ces hommes en armes étaient des gangs unionistes, des protestants aidés dans leur besogne par la police. Ce siècle a déjà vu des gens fous de haine se comporter en barbares. Ils voulaient empêcher les gens de croire et d'exister. Ça recommence aujourd'hui. Cette pulsion de mort est revenue. Jamais les hommes ne changeront.

En rentrant de l'école, je passais souvent devant ces squelettes aux os noircis, aux yeux exorbités. Je restais sans bouger, planté devant les petites grilles à la peinture blanche écaillée et je fixais ces ruines, vides, désertées, gisant à cœur ouvert. La maison de Declan n'était plus qu'un corps de pierre désarticulé, éventré, un lambeau de passé. Il ne revint plus à l'école. Adieu mon ami, l'aîné avec qui j'aurais aimé passer de l'enfance à l'adolescence. Souvent il me parlait de la RUC et des B Specials. Je ne savais pas ce que c'était. Ces noms me faisaient penser à des marques de voitures ou de machines à laver. J'appris vite à les redouter. La RUC était en fait la police royale d'Irlande du Nord ; quant aux B Specials, c'était une force de police auxiliaire composée de volontaires. Volontaires pour quoi ? Attaquer les quartiers catholiques à la nuit tombée ? Chasser de chez elles des familles entières ? Brûler des maisons ? Les réponses me venaient de la rue. Ma réalité d'enfant ne collait plus à la réalité de mon quotidien. Je ne comprenais plus.

Dans les livres et les films, la police était toujours le symbole de l'ordre et de la justice et défendait les bons contre les méchants. Je questionnais ma mère :

« Sommes-nous des méchants, Maman ?

— Mais non, mon chéri.

— Alors, pourquoi faut-il avoir peur de la police ?

— Parce que… Tu vois… Enfin… Comment t'expliquer ?

— Papa dit que l'armée va venir nous sauver…

— Oui. Bientôt, ils seront là et tout ira bien, tu verras. »

L'armée britannique est arrivée. Je me souviens de leur venue à Belfast. Leurs fourgonnettes noires sillonnaient nos rues. Aux patrouilles qui passaient, nos mères offraient du thé et des gâteaux secs. Elles le faisaient spontanément sans arrière-pensées, seulement avec cette naïve ivresse de croire à l'aube d'un ciel nouveau. Moi, enfant de Falls Road, seul monde visible, réel, miroir du bien et du mal, je devins observateur nocturne du mystère des mots. Dans le silence des matins naissants, tandis que le son lugubre des armes automatiques résonnait encore dans l'air endormi, ceux que, quelques heures plus tôt, nous réchauffions de nos gestes, enfonçaient la porte de nos voisins, les traînaient dehors et les poussaient à l'intérieur de leurs sinistres fourgons. Les mots et les hommes n'avaient soudain plus aucun sens. »

Stiofán reposa son stylo et s'étira lentement sur sa chaise qui craqua légèrement sous la pression de son corps. Il chercha des yeux son paquet de cigarettes. Minuit venait de sonner, l'heure tranquille où, isolé du reste du monde, on peut écrire les mots noirs.

Il tira une longue et profonde bouffée. La fumée envahit lentement sa bouche et pénétra au plus profond de ses poumons. L'impression d'avaler le feu destructeur et rédempteur. D'un léger coup de pouce sur le filtre, il fit tomber la cendre. Il aspira une nouvelle bouffée et déposa la cigarette sur le bord du cendrier, l'extrémité ardente parmi les innombrables mégots pliés. Dans la lumière de la lampe de bureau, sa main se remit a frôler le papier accompagnant le crissement de sa pensée toute entière dans la pointe du stylo.

« Ma main tremble et je cherche le courage d'écrire. Je veux à cette seconde coucher enfin les mots, les phrases, le désespoir, le sang et la mort qui me rongent l'âme depuis des années. Je veux écrire pour libérer ma tête de l'horreur dont je porte à jamais le fardeau.

Le temps et les mots ne changeront rien. Tu iras vieillissant, les douleurs accrochées à ta peau…

Cette voix me martèle la tête et je me souviens. Je courais, je courais en hurlant dans ces rues décharnées jusqu'à ce que je m'écroule, à demi-inconscient, au bord de l'asphyxie. Mais peu à peu, l'air réoxygénait mon être et les images revenaient de plus en plus nettes. J'étais là, gisant sur le trottoir humide d'une rue déserte, le corps agité de soubresauts. Je grattais le goudron avec mes doigts, je voulais m'enfouir, me fondre dans la terre, être dans les ténèbres absolues pour ne plus voir, ne plus entendre, ne plus exister dans cette vie-là. Je voulais crever, mais je ne le savais pas.

Le temps et les mots ne changeront rien. Tu iras vieillissant, les douleurs accrochées à ta peau…

Les vitres de la cuisine et du salon éclatèrent sous des rafales de mitraillettes. Des cris de sauvages envahirent soudain la maison. Mon père se précipita dans ma chambre. J'étais assis, sur mon lit, la couverture remontée jusqu'en-dessous des yeux. Je ne bougeais pas, paralysé par l'effroi. Il saisit ma main et me tira du lit.

» Viens dans notre chambre ! Nous nous barricaderons. Ils ne pourront pas entrer.

Trop tard. Ils étaient déjà dans le couloir. Les cris déchirants de ma mère nous glacèrent le sang. Ils nous empoignèrent, nous séparèrent. Mon père hurlait :

» Vous n'avez pas le droit !

Dérisoire… Il se débattait, en vain. Celui qui me tenait me regarda dans les yeux. Sa bouche charriait une haleine fétide chargée de vices et d'alcool. Ses traits étaient tordus de haine animale.

» Ta mère, on est en train de la violer. Tu veux voir ?

Il poussa la porte et me força à regarder. Ses deux grosses mains tenaient ma tête dans un étau. Malgré cela, je réussis à ne rien voir, mais mon être s'emplit soudain de la douleur du martyr. Je voulais hurler, mais je ne pouvais pas. Mon corps s'agita de convulsions et je vomis. Un flot de bile gicla entre ses doigts. Il retira aussitôt sa main et m'envoya un formidable coup de poing. Mes lèvres explosèrent dans un jaillissement de sang. Je m'affalai dans un cri sur la moquette du couloir. Mes lèvres devaient avoir triplé de volume. Ma tête était un brasier. Je crachai des cadavres de dents. L'homme me saisit au col et sa main m'écrasa à nouveau le visage. Il voulait être sûr que je le regarde. J'étais entre mort et cauchemar, le cerveau sous une chape de plomb.

» Espèce de petit salaud ! On s'est gentiment occupé de ta mère, on va aller voir où en est ton père…

« De sa gorge fusa un rire gras. Sans lâcher mon visage, il me projeta la tête contre le mur. Deux fois. Quand je repris conscience, j'étais dans les bras de ma mère. Des lumières bleues clignotaient, déchirant les couleurs de l'aurore. Ma mère sanglotait ses dernières larmes de la nuit en voyant ce corps recouvert d'un drap blanc qu'on glissait dans une ambulance. Elle hurla des paroles incompréhensibles. Mes yeux se refermèrent. Ils l'avaient tué, tué, tué… »

Stiofán s'arrêta net, le souffle court, couvert de sueur. Il tituba jusqu'à la fenêtre et l'ouvrit. Le vent frais de la nuit pénétra lentement dans sa chambre, aspirant la fumée. La lune était blonde parmi les astres. Il respira longuement pour s'imprégner d'air nouveau.

Le temps et les mots ne changeront rien. Tu iras vieillissant, les douleurs accrochées à ta peau…

Il promena lentement son regard entre la lune et les astres lumineux, jouissant quelques instants de l'infini, de l'éternité qui s'offraient à lui, puis referma la fenêtre pour retrouver son espace, l'univers de sa vie. Il ne croyait plus au ciel mais aimait parfois s'y perdre ou s'y enivrer. Il alla éteindre la lumière, s'allongea sur son lit sans même se dévêtir. Il ferma les yeux.

II

« L'homme ne supporte pas que l'infini, l'éternel soit au-dessus de lui, si proche, semble-t-il, cependant d'une absolue inaccessibilité. Toutes les fusées, les tours de Babel et les gratte-ciels des villes qui tentent de s'en approcher ne changent rien. Les secrets du cosmos, donc de la vie restent impénétrables. L'homme est enchaîné à la terre et est condamné à contempler cet univers intangible jusqu'à la mort. Même mort, il n'atteindra jamais les cieux éternels. Corps, esprit et âme seront mélangés à la terre pour disparaître dans ses entrailles. Les hommes ont toujours réfléchi sur la mort parce qu'ils en ont peur. C'est de cette peur atavique que sont nés les mots "Paradis", "Enfer", "âme", "Dieu". La perspective de devoir mourir servit le désir d'élévation de l'homme vers l'éternel, l'immortalité de son esprit. Loin d'unir les hommes, cette notion de Dieu et son interprétation furent source de conflits et d'horreurs. Aujourd'hui encore, les hommes se battent autour de concepts qu'ils ne comprennent pas, qui les dépassent puisqu'ils n'y ont pas accès. Qu'est-ce que l'âme ? ; Qu'est-ce que Dieu ; Faut-il prier ? ; Qu'est-ce que la mort ? Ces questions n'ont pas de réponses. "Mort : cessation définitive de la vie d'un être." Voilà la seule certitude humaine, l'unique réalité du monde, de la terre, de l'univers et de la vie. La réalité de la mort, c'est Derry, quatorze femmes aux traits méconnaissables, dévastées un dimanche de janvier 72 par la force atomique de la douleur. Quatorze femmes vêtues d'un noir désespoir qui pleurent sur le cercueil d'un mari, d'un enfant qu'on va ensevelir. Une parcelle de vie irremplaçable. Ce 30 janvier, la mort réclama quatorze vies, choisies au hasard des balles, quatorze familles amputées qui n'offriraient plus le même visage. Une vie qui s'en va est un univers qui explose. Il ne reste plus que de minuscules grains de poussières, de souvenirs, là où, un instant plus tôt, gravitait autour de soi un monde de gestes, de mots, d'amour. La vie continue... »

Pour Stiofán et sa mère, Maureen, la vie continuait à Limerick, ville moyenne du sud-ouest de l'Irlande qui s'étend de part et d'autre du Shannon. Là-bas, pas d'armée dans les rues, pas de violence ni de harcèlement, pas de vulgarité. Deux mois après leur drame, ils avaient laissé derrière eux le nord ; Belfast et ses ghettos, ses morts et ses rêves avortés et Derry, avec ses dimanches sanglants où l'homme écrit l'Histoire au rouge indélébile. À leur arrivée, ils étaient restés quelque temps dans un foyer. Une chambre exiguë sans eau ni électricité. Stiofán avait eu du mal à s'adapter. Il s'enfonçait souvent dans un silence profond, refusant d'aller à l'école ou même de sortir. La nuit, il se réveillait au moindre bruit du dehors et se mettait à crier. Il avait fallu qu'ils redécouvrent les gestes quotidiens des gens ordinaires. Peu à peu, les choses avaient semblé reprendre leur place. Maureen avait obtenu un poste d'infirmière à l'hôpital de la ville. Elle avait été contente de retrouver un milieu qu'elle avait bien connu dans le Nord. Elle avait passé toute sa vie active dans les hôpitaux. Elle avait toujours aimé cette atmosphère d'éther, de longs couloirs aseptiques, ce lieu où, derrière chaque porte, se cache un défi au désespoir et à la mort. Grâce à ce travail, ils avaient pu emménager dans une petite maison jumelée à Ballinacurra une banlieue grise proche du centre.

Stiofán avait paru retrouver quelques marques. Limerick était devenu leur nouveau monde, leur Amérique, avec ses horizons de vie nouvelle à débuter.

* *

Stiofán rouvrit un instant les yeux.

« Six ans déjà… », pensa-t-il.

Pendant ces six années, il avait patiemment réappris à aimer la nuit, toile obscure de bruits lointains et d'aboiements de chiens. Lentement, les mots lui étaient revenus, ceux qu'ils n'avaient jamais dits et dont il fallait qu'il se débarrasse. Quand se mêlent la douleur et l'impuissance, ce n'est pas dire les mots qui sauve. Il faut les écrire ou les crier pour décupler leur puissance et en extraire le fiel. C'était la tâche qu'il s'était lui-même fixée, pour qu'enfin se termine le cauchemar de l'enfance. Il avait voulu être sûr qu'il pourrait regarder ces mots en face, en serrant les dents mais sans fléchir. Il avait attendu d'apercevoir les cercles lumineux d'un lointain fond de tunnel qu'il n'atteindrait jamais mais qu'il appellerait espoir ou possible. Il avait attendu l'année où il quitterait le lycée, l'année de ses dix-huit ans, l'année de tous les futurs et de toutes les révolutions du monde.

DEUXIÈME PARTIE

Chemins

I

Stiofán venait de se perdre dans les bras d'une prostituée. C'était la première fois qu'il éjaculait dans un sexe, un corps de chair et de sueur. Jamais avant, ses mains ne s'étaient posées sur des seins, des fesses, un ventre de femme. En jouissant, il avait bavé sur l'épaule de cette femme qui l'avait accepté en elle sans poser de questions, elle avait simplement souri quand il était arrivé dans son uniforme marine. Les mains posées sur le lavabo, la prostituée l'observait en regardant dans le miroir. D'un sac plastique, Stiofán sortait un jean et un T-shirt.

« Merci, dit-il en posant quelques billets sur la table de nuit. C'était la première fois que je faisais l'amour.

— Vraiment ? » fit la prostituée d'un air amusé. Elle tourna le robinet pour laisser couler l'eau et questionna Stiofán.

« Tu crois qu'on a fait l'amour ?

— J'ai mis ma vie en toi et à cette seconde, il n'y avait que toi qui comptais. Je vivais en toi et tu me regardais. Tes mains étaient sur moi et nous étions seuls au monde.

— Est-ce que c'était l'amour que tu imaginais dans tes rêves ?

— Mon cerveau a fabriqué des millions de femmes avec qui mes pensées faisaient l'amour. Aucune ne te ressemblait. Est-ce que tes rêves ressemblent à la réalité ? »

La prostituée se passa de l'eau sur la figure, coupa le robinet et regarda à nouveau Stiofán dans le miroir. Sa voix sonna lointaine et atone :

« Mes rêves sont comme la nuit. Ils n'en ont pas la couleur, mais disparaissent avec le jour. »

Elle s'essuya le visage et remit un peu d'ordre dans ses longs cheveux noirs.

« Pourquoi ne remets-tu pas ton uniforme ? demanda-t-elle en s'approchant du lit où Stiofán était encore assis.

— Parce qu'aujourd'hui, je suis à jamais sorti de cette bulle carcérale qu'est l'école Saint-Pierre. Je viens de passer le dernier examen de mon Leaving Certificate. Six ans… avec un redoublement en prime. Six ans de ma vie passés dans une classe et mes questions sont toujours sans réponses.

Qu'est-ce que vivre ensemble ? Comment vivre en paix ? Peut-on aimer l'Autre ? Pourquoi notre île, unité géographique indivisible, est-elle scindée en deux mondes ? Au lieu de ça, il fallait faire semblant de prier tous les matins avant de commencer les cours. Combien d'heures de ma vie perdues à ânonner ces phrases, toujours les mêmes… Quel est le sens de ces mots répétés jour après jour jusqu'à l'abêtissement ? Quelle réalité reflète une école de garçons en uniforme qui se lèvent quand une voix sortie d'un petit haut-parleur placé dans chaque classe au-dessus du tableau le leur en donne l'ordre à peine déguisé ? C'est de l'endoctrinement pour futurs automates. Cette voix qui nous parlait ne pouvait pas nous écouter. Ce n'était qu'un gosier de métal sans oreilles qui avait le pouvoir de nous humilier. Aujourd'hui, j'ai dit adieu à cette planète microcosmique. Adieu. Aujourd'hui, je m'ouvre à l'univers, aux grands rêves et à l'Histoire. C'est pourquoi je suis venu te donner quelques gouttes de ma vie. »

La prostituée finit de boutonner sa jupe, ramassa l'argent et s'apprêta à sortir.

« Tu veux changer le monde ?

— Nous voulons tous changer le monde. À notre manière. Si tu as des convictions, tous les murs qui sont dans nos têtes peuvent s'écrouler. Ta vie, nos vies, tout peut changer.

— J'ai longtemps pensé la même chose, murmura-t-elle. Allez, je dois retourner travailler maintenant. »

Ils descendirent et se quittèrent en se faisant un signe de la main. La prostituée retrouva son trottoir et ses hommes. Dehors il pleuvait. Une pluie fine et pénétrante que de violentes bourrasques rendaient agressive. Le ciel étais bas, lourds de nuages éperdus. Stiofán remonta son col et tourna au coin de la rue en direction du centre-ville. Son regard glissait sur l'asphalte humide et brillant du trottoir tandis que ses doigts caressaient ses narines. Tout à l'heure la prostituée lui avait pris la main et l'avait doucement plongé au cœur de sa jungle amazonienne, là où les étangs fangeux sont plus torrides que l'astre solaire.

« Toute ta vie tu seras obsédé par cette fente sans aspérités, profonde, insondable. Tu chercheras à y enfouir tes rêves, tes fantasmes, tes folies. Les tiennes et celles des autres. Quoi que tu fasses, tu te consumeras dans ces paradis fugaces, avec une pute ou ton amante. Ils détourneront ta raison. »

Il prenait plaisir à prolonger sa première jouissance en jouant avec ses doigts. Il humait ce parfum évanescent de naissance et de vie, fragrance d'un sexe unique au monde. Sans se presser, il arpenta les rues étroites et sales du centre-ville. Ces rues qu'il avait tant redoutées au début étaient à présent un lieu où il aimait déambuler. Elles lui avaient montré un autre visage, lisse et tranquille, où s'enchevêtrent immobilité et mouvement perpétuels, désirs de rencontre et d'anonymat. Un animal sauvage qu'il pouvait à présent caresser. C'était à la rue et aux vents de passage qu'il avait commencé à murmurer ses élégies avant qu'elles ne noircissent des pages de carnets. Il poussa la porte du *Poet's Bar* où il avait rendez-vous avec Seamus. Dans ce pub se retrouvaient les passionnés d'Irlande, ceux qui rêvaient d'une grande île sans frontière incluant aux 26 comtés de l'Eire, les six occupés de l'Ulster. Après un dernier hiver, la guerre disparaîtrait enfin de ce dernier bout de terre avant l'Amérique.

À l'entrée, le regard était immédiatement attiré par un panneau en forme de flèche, fixé à l'une des colonnes du comptoir en bois, qui indiquait la direction de Baile Atha Cliath, nom gaélique et poétique de Dublin, la ville du gué aux claies. Au plafond, au-dessus du bar, un drapeau tricolore vert, blanc, orange bombait le torse et, accrochés aux murs de la salle, les portraits des grands penseurs irlandais éclairés par une lumière orange, tamisée. Wilde, Yeats, Beckett, O'Casey, Joyce, G.B. Shaw... réunis dans une même galerie sans parquet ciré ni gardiens en uniforme. Le silence des musées y était remplacé par l'omniprésence d'éclats de voix et de musique traditionnelle. Plusieurs soirs par semaine, un orchestre s'installait dans un coin du bar pour jouer. Flûtes, violons, guitares, mandolines, bodhrán, concertinas... De tous ces instruments glissaient des gouttes de pluie mélancoliques ou des mélodies entraînantes portées par le vent du large. Tandis que la Guinness coulait à flots, on pouvait se laisser fasciner et enchanter par la magie de leur musique. Les autres soirs, c'était une bande magnétique qui soufflait des notes humides, vivifiantes ou nostalgiques.

Stiofán connaissait bien ce bar et y venait régulièrement, même s'il n'avait pas toujours l'argent pour consommer. Souvent, il prenait son violon et se joignait aux musiciens. Il avait appris la musique traditionnelle avec son père. Celle-ci se transmet de génération en génération sans solfège ni partition, on apprend à l'oreille et à la passion. Un instrument et des heures de bonheur et d'efforts à s'imprégner de ces mélodies millénaires. Musique traditionnelle, tradition... La tradition, c'est le peuple, c'est toute l'Irlande avec sa liberté et sa force. À la fois un bouclier et une épée. Un refuge de l'esprit et une résistance de la pensée. Comme la pluie, elle s'est lentement infiltrée à l'intérieur des terres et des hommes pour fertiliser la vie et déposer ses notes sur le linceul de ceux qu'on ensevelit. La tradition est une plante aux racines profondes qui relie les cœurs. Au fil des années se sont tissées des mailles indestructibles entre elle et les hommes. De longs siècles d'occupation anglaise n'ont rien changé. Au contraire…

En 1922, des hommes et des femmes sortaient du joug comme un enfant sort du sexe de sa mère : dans des cris et du sang. L'Eire naissait. La mise au monde avait été difficile, l'enfant était difforme. Fermanagh, Armagh, Tyrone, Derry, Antrim et Down, partie indissociable du corps d'Irlande restaient attachées au cordon ombilical de la grande île. Six cellules d'un cerveau dont un corps étranger contrôle la respiration, les mouvements, le cœur. Là-bas, deux communautés s'acharnent autour d'un mur invisible, un mur de brume qui noie, dans ses milliers de gouttelettes toute sensibilité, toute raison.

Stiofán aimait ce pub car il évoquait par son aspect et son ambiance, toute l'Irlande, celle du Sud et du Nord. Le *Poet's Bar* n'était en fait qu'un surnom que quelques-uns lui donnaient à cause des portraits. Le véritable nom du pub était O'Donnell's Tavern, du nom du patron, Seamus O'Donnell. Le physique svelte, la barbe et le cheveu roux, Seamus arborait la quarantaine sportive. Originaire de Derry, il vivait à Limerick depuis une huitaine d'années avec sa souffrance d'homme veuf. Peu disert sur lui-même, il préférait parler de son pays, avec ses poètes et ses folies. Les activités de Seamus ne se limitaient pas à celles d'un barman ; il s'occupait également de la diffusion à Limerick du journal républicain *An Phoblacht* et recrutait, à l'occasion de nouveaux adeptes de « la Cause ».

Assis sur la banquette recouverte de cuir brun clair qui s'étirait le long du mur, Stiofán, une cigarette entre les doigts, regardait le portrait de W.B. Yeats qui était au-dessus de lui. Un visage sans relief, empreint de réflexion, les lèvres boudeuses colorées au rouge vif et une houle de cheveux noirs qui laissaient fuir quelques mèches sur son front arrondi.

À cette heure de l'après-midi, le bar n'était pas encore ouvert et on pouvait admirer les poètes en paix. Et Stiofán admirait les poètes. À la maison, il n'avait pas beaucoup de livres. Quand un livre lui plaisait vraiment, il arrivait qu'il aille le voler dans une librairie, mais généralement, il essayait de se le procurer à la bibliothèque de l'école. Pendant ses nuits de solitude, il avait souvent trouvé refuge dans les personnages de romans, les paysages de la poésie. Seamus, en revanche, possédait de nombreux ouvrages d'écrivains et de poètes irlandais, mais refusait obstinément de les prêter. Il acceptait seulement de les descendre pour que Stiofán puisse les lire, avant l'ouverture, à une table tranquille du bar. C'était ce que préférait Stiofán ; il aimait cette atmosphère singulière, inspiratrice par ses portraits. Là, parmi les poètes, il pouvait rester plusieurs heures à lire.

Derrière le comptoir, la porte s'ouvrit et Seamus apparut. Il s'approcha de Stiofán en récitant quelques lignes d'un poème.

Je suis de terre d'Irlande,
De terre sainte d'Irlande,
Et le temps passe, crie-t-elle.
Venez, par charité,
Danser avec moi en Irlande.

« Nách bhfuil sé go hálainn...

— Dia duit Seamus. Cad é mar tá tú ?

— Go maith, go raibh maith agat. »

Avec Stiofán, Seamus conversait presque toujours en gaélique, la langue naturelle de l'Irlande, comme il aimait à le répéter.

« Gearoid n'est pas avec toi ?

— Non. Il ne devrait pas tarder.

— Il a sept minutes pour arriver. Le temps de tirer les pintes de Guinness. »

Dehors, poussées par les accès fiévreux du vent, de minuscules gouttes de pluie explosaient dans un crépitement saccadé sur les épaisses vitres opaques de couleur jaune fumé. Seamus finissait de remplir les trois verres quand Gearoid arriva, l'eau ruisselant de son ciré vert à col de velours. Ami d'enfance de Stiofán, Gearoid venait de fêter ses vingt ans. Petit et trapu, acharné de football gaélique, il avait le physique latin, souligné par une fine moustache noire.

« Dia duit ! lança-t-il en accrochant son vêtement et sa casquette au portemanteau.

— Dieu avec vous. Le gaélique ne me laisse hélas pas d'autre façon de vous dire “Bonjour” », soupira-t-il en s'asseyant.

Seamus servit les pintes.

« Je ne sais pas ce que vous avez contre Dieu et la religion tous les deux, dit-il d'un air contrarié. C'est pourtant une belle chose que de croire. Croire en Dieu, c'est croire en la beauté, en l'amour, en la justice. C'est avoir toujours un espoir, une lueur sur son chemin de croix.

— Une lueur malheureusement sans expression terrestre. Tout ça est illusoire. Un rêve de plus pour les hommes.

— Il a raison, continua Gearoid. Et puis tout le monde sait que l'Église n'est pas une école de tolérance. Je ne parle pas de la religion catholique en particulier. Les religions, quelles qu'elles soient, sont les mêmes et poursuivent le même but. »

Il leva son verre et trinqua avec Stiofán.

« Slainte.

— Slainte. Tu ne trinques pas avec nous ? »

Seamus laissa son verre sur la table. Ses regards passaient de l'un à l'autre des jeunes garçons.

« Vous avez parfois une vision bien étriquée des choses. Soyez vigilants et dites-vous bien qu'un jour ou l'autre vous aurez besoin de croire en quelque chose de supérieur. Enfin… Slainte. »

Ces discussions n'étaient pas nouvelles entre eux mais, à chaque fois, Seamus se laissait prendre. Non qu'il fût très religieux, mais il pensait que Dieu était le gardien de toutes ces valeurs qui font l'homme. Le Céleste en projection sur le Terrestre. La Justice et le combat pour la Justice. Les valeurs communes, comme la langue, formaient le ciment d'un peuple et le gaélique avait porté les valeurs du peuple irlandais à travers les siècles. Derrière ces mots se profilait souvent une allusion au Divin, le Tout-Puissant sans qui rien n'est pensable. « Il fera beau demain... Si Dieu le veut. » Ces références inévitables en gaélique étaient souvent source de taquineries voire de débats passionnés autour d'une pinte. Gearoid reposa son verre.

« Dis, tu ne nous as pas demandé de venir aujourd'hui pour nous parler de religion...

— Et pourquoi pas ? C'est un sujet intéressant, non ? Mais, vous avez raison. Je vous ai fait venir parce que je voulais vous poser une question. »

Seamus avala une gorgée avant de continuer, comme s'il s'apprêtait à un long discours.

« Vous fréquentez mon établissement depuis déjà quelques mois, et, par conséquent, vous savez aussi quel genre de gens y viennent. Un jour, vous m'avez demandé si vous pouviez vous rendre utiles. À l'époque, Je vous avais répondu que je n'avais rien pour vous. Je voulais d'abord vous connaître. Eh bien, aujourd'hui, j'ai quelque chose à vous proposer. Nous avons besoin de deux nouveaux vendeurs. Et comme il ne s'agit pas de propagande religieuse, j'ai pensé à vous. Ça vous intéresse ? »

Sans se consulter, les deux secouèrent la tête en guise d'acquiescement, un sourire satisfait aux lèvres. Ils levèrent leurs verres et remercièrent Seamus de sa confiance.

« C'est simple, enchaîna-t-il. Vous passez prendre les journaux ici en empruntant la porte de derrière et après, vous rapportez les invendus. Je vous indiquerai où vous devrez aller. Baptême du feu samedi prochain. »

Stiofán vit cette offre comme son début de lutte. Il se trouvait à la fois en route pour le futur et pour le passé, et avait le sentiment de pénétrer dans une nébuleuse de chemins inconnus mais nécessaires. En plus, il ne serait pas seul puisque Gearoid l'accompagnerait.

Il avait fait sa connaissance quand Maureen et lui étaient arrivés à Ballinacurra. Gearoid avait toujours habité dans cette petite cité morne à la périphérie de la ville. C'est lui qui était venu vers Stiofán quand celui-ci n'arrivait pas à se mêler aux autres enfants du quartier.

Peu à peu il avait fini par s'adapter à son nouvel environnement.

Ballinacurra, un dédale de rues monochromes aux trottoirs égayés çà et là de sacs plastiques rayés bleu et blanc, de boîtes de conserves promenées par le vent, ferraillant sur l'asphalte troué, d'interminables rangées de maisons agglutinées les unes aux autres, carrés de verdure sur le devant, grilles minuscules toujours ouvertes, murets hauts de deux parpaings pour séparer chaque jardin, le tout sous un ciel souvent gris et pluvieux. C'est là, dans cet environnement de ruelles vieillottes et d'herbes folles poussant le long des caniveaux qu'il avait vécu, rejoint quelques années plus tard par Stiofán. Enfants, pour se distraire, ils jouaient avec les gamins du quartier, ou allaient marcher en suivant la voie ferrée qui passait à travers un champ à deux pas du lotissement. Cette ligne menait à une usine de tannage, fermée depuis, qui était située à la sortie de la ville, sur la route de Cork. Gearoid et Stiofán couraient jusqu'au passage à niveau pour regarder les draisines ou les petites locomotives tirant un wagon rempli de peaux de moutons encore sanguinolentes qu'on acheminait à l'usine. D'autres fois, ils regardaient les engins qui disparaissaient tout au bout du champ, dans le virage conduisant à la gare. Quand la draisine s'arrêtait à l'intersection avec la route, le rituel était toujours le même. Un homme en bleu et casquette descendait et allait pousser les deux vieilles barrières de bois entravant la voie pour stopper un instant la circulation.

Le petit convoi traversait, puis s'arrêtait de nouveau juste après le carrefour. L'homme remettait alors les barrières en place et regagnait l'engin. Les deux garçons auraient donné n'importe quoi pour monter sur la machine pour partir loin de leur univers. Parfois, ils remontaient la ligne dans le sens opposé de l'usine pour savoir jusqu'où menaient les rails. Ils faisaient quelques centaines de mètres sans jamais aller plus loin que la limite du champ. Ils suivaient ensuite des yeux ces deux barres d'acier parallèles qui se perdaient au loin. Ils imaginaient que, là-bas, tout au bout des rails, il y avait une montagne ou un océan, à moins que ce ne fût un enfer ou un paradis, un monde nouveau d'où on pourrait entrer et sortir en marchant entre ces deux lignes blanches et brillantes.

L'été, quand ils s'ennuyaient, ils regardaient les morceaux de ciel bleu, perdus, prisonniers dans l'entrelacs des branches. Les nuages passaient entre les feuilles comme la pellicule d'un film muet. Gearoid se demandait si les rails allaient jusque là-haut. Un jour, il avait demandé à sa mère. Elle lui avait répondu qu'ils menaient partout à condition d'avoir l'argent pour le billet. L'argent comme support des rêves... Cela avait été l'obsession de sa mère. Elle s'était mariée à dix-huit ans avec Padraig, un employé des postes. S'enchaîner pour se libérer, sortir du monde sans issue de la campagne et de l'isolement. Elle avait eu deux enfants, une fille et un garçon. Sur le buffet en bois sombre du salon, Padraig avait conservé la photo de leur mariage. Elle était en blanc et souriait à la vie future encore à inventer ou à découvrir. On aurait juré apercevoir des traces de bonheur dans ses yeux. Cela n'avait cependant duré qu'un temps. Elle avait vite trouvé sa vie monotone. Niamh était née dans la première année de leur mariage et Gearoid un an plus tard.

« Des naissances pour faire quelque chose, avait-elle lancé à Padraig, un soir de dispute.

— Regarde l'horizon ! Tu vois quelque chose ? Tu vois ces lignes lointaines, secrètes, qu'on se contentera de regarder une vie si on ne va pas à leur rencontre ? »

Padraig ne cherchait rien dans ces points invisibles. Il était receveur à l'office local et gagnait suffisamment pour faire vivre sa famille décemment. Ils avaient une maison et avaient même obtenu une ligne téléphonique.

« Je t'aime.

— Tu es ridicule. »

Gearoid avait treize ans quand elle décida de traverser l'océan pour rejoindre un monde où elle pourrait colorer le pourtour de ses rêves et les remplir de vie. Elle était partie depuis sept ans et n'avait plus donné signe de vie. La séparation était arrivée brutalement après toutes ces années et, pour Padraig, c'était comme si elle était morte, emportée par une maladie inconnue qui ne laisserait derrière elle que des images jaunissant dans les songes. Pas de tombe à aller fleurir, mais un jardin de pensées sauvages et veloutées à entretenir. Aujourd'hui, il était comme veuf et vivait seul dans la maison. Niamh étudiait à Cork et Gearoid habitait en ville dans une chambre humide et sans chauffage. Pour l'ami de Stiofán, ces années d'enfance et d'adolescence étaient bien finies. Il travaillait dans une station-service et ne se plaignait pas. Stiofán lui avait parlé de son drame et l'avait initié à la cause républicaine en lui racontant Belfast, ses ghettos et ses injustices, l'IRA et son combat. Depuis un an environ, ils fréquentaient le *Poet's Bar* et Seamus, dont l'accent du nord avait attiré l'attention de Stiofán.

Demain, ils seraient vendeurs de journaux, vendeurs à la sauvette de *An Phoblacht*, le journal de l'IRA. Ils défendraient la Cause qui désormais serait la leur.

II

La première fois qu'il sortirent vendre les journaux, Stiofán et Gearoid s'étaient sentis un peu mal à l'aise, l'impression poisseuse qu'ils couraient à chaque instant le risque d'être arrêtés. Ils savaient que, de toute façon, ils étaient observés par les gardes en civil, mais la vente étant tolérée, ils n'avaient pas grand chose à craindre. Chaque samedi avait désormais sa routine ; ils passaient prendre les journaux chez Seamus un peu avant midi, se rendaient au lieu indiqué – toujours le même – et rapportaient les invendus en fin d'après-midi. En échange de leur travail, Seamus leur donnait un peu d'argent. Leur pile de journaux sous le bras, Stiofán et Gearoid se dirigeaient vers l'église devant laquelle ils vendaient. Elle était située en plein milieu de la rue principale, coincée entre un magasin de chaussures et une boucherie. C'était un emplacement inhabituel pour un lieu de culte. La grisaille de l'église se perdait dans une forêt de néons et de façades bariolées sans qu'il soit possible de la distinguer dans la perspective de la rue. Stiofán écrasa son mégot et jeta un rapide coup d'œil à sa montre.

« Il est moins deux. La messe va bientôt finir. Chacun à son poste ! »

Ils se placèrent de chaque côté des portes et attendirent. Regardant alentour, Gearoid aperçut, venant vers eux, celui qu'ils surnommaient « Jambe de bois », un pauvre homme qui vendait des journaux locaux. Il arrivait toujours en boitillant, poussant devant lui une sorte de vieux meuble monté sur roulettes, dont la peinture verte originale avait presque entièrement disparu, ne subsistant que par quelques touches au vernis craquelé. Une fois arrêté, il relevait le rideau en fines lattes de bois, laissant ainsi apparaître les étagères avec les journaux. Ensuite, il s'asseyait sur le bord du trottoir, se roulait une cigarette et décapsulait une bouteille de bière en regardant distraitement le spectacle de la rue. Il ne parlait jamais à personne, il se contentait de maugréer à l'infini des paroles incompréhensibles destinées à un interlocuteur imaginaire. Son visage était mangé d'une barbe de plusieurs jours, des rides avaient creusé leurs profonds sillons sur son front dégarni et une longue mèche de cheveux gras courait d'un côté à l'autre de son crâne. Stiofàn et Gearoid s'étaient souvent demandé ce qu'avait pu être la vie de cet homme avant qu'il ne glisse dans un semblant d'existence quelque part dans un repli de son corps, rongé par une indifférence quasi totale au monde extérieur. Quand il pleuvait, il restait assis sur son bout de trottoir, se laissant fouetter par les gouttes et le vent. Il ne se mettait jamais à l'abri, comme si sa vie entière se trouvait sur cette parcelle d'asphalte, cette parcelle d'univers. Il était comme ces maisons abandonnées où, peu à peu, les vitres se sont brisées, les tuiles détachées, les murs effondrés. Un champignon géant avait dû envahir son corps, suçant à chaque instant une cellule de vie pour ne laisser qu'une coquille vide.

Les cloches sonnèrent la fin de l'office et « Jambe de bois », son mégot entre les lèvres se leva et s'accouda à son meuble. Bientôt, la foule des bigots s'éparpilla sur l'étroit parvis. Stiofán et Gearoid se tinrent prêts. Évidemment, ils ne pouvaient pas hurler les titres de la première page, ils devaient se contenter d'attirer l'attention par leur simple présence. Aucune incitation à la vente n'aurait été autorisée. L'éditorial du jour titrait en caractères gras : « Quo Vadis Hibernia ? » Une question sans réponse. Ils vendirent leurs premiers journaux tandis que la foule continuait de sortir de l'église. Les acheteurs étaient en général des hommes, les femmes discutaient, les bras croisés, leur sac à main autour du poignet. Un homme au costume défraîchi et mal repassé, la cinquantaine, s'avança vers Stiofán. La femme qui l'accompagnait poussa un soupir et accéléra le pas. L'homme tendit la monnaie, sa bouche édentée grimaça un sourire.

« L'IRA, c'est pas une affaire de bonne femme. Il faut des hommes forts pour foutre les Brits dehors. »

Stiofán sourit à son tour et lui fit remarquer que l'Irlande était l'affaire de tous. Il regarda le type s'éloigner avec sa femme. Il ne voulait pas être comme tous ces gens qui vont à la messe pour soulager leur conscience et qui ne savent pas regarder la vie en face, s'esquivant derrière des phrases toutes faites. Lui marcherait vers la lumière des villes, des rues et de la vérité. La vie l'avait mené vers des champs d'obscurité magnétique, mais il avait la volonté de s'en détacher, comme on s'échappe d'une caverne parce qu'on ne croit pas à un simulacre de vie. La chaleur est au-dessus de cette roche en granit dur, d'où, à travers une minuscule fente, on entrevoit l'éclat d'un grain de soleil ou de lune. Passé le flot des paroissiens, la rue reprit son aspect normal avec son lot de passants pressés, ses regards que l'on ne croise qu'une fois, ses âmes dont on ne sait rien. Ils vendirent encore quelques journaux et s'en allèrent vers quatre heures. « Jambe de bois » baissa le rideau de bois sur les étagères encore pleines pendant que les garçons mettaient les invendus dans un sac et prenaient la direction du *Poet's*.

III

Stiofán entendit le facteur qui glissait le courrier à travers le clapet rectangulaire de la porte d'entrée. Il alla ramasser les lettres éparpillées sur la moquette et y jeta un rapide coup d'œil. Sur l'une des enveloppes à fenêtre, il reconnut immédiatement le cachet du Département de l'Éducation et, bien qu'elle ne lui fût pas adressée, il décida de l'ouvrir. Il parcourut rapidement le feuillet à l'en-tête officiel et poussa un bref cri de victoire : il était reçu au Leaving Certificate, sans mention certes – malgré son A en gaélique – mais il avait au moins la satisfaction d'avoir réussi. Quand Maureen apprit la nouvelle, elle fut fière de son fils et crut un instant qu'il continuerait ses études. Elle savait cependant depuis quelques mois déjà que tel n'était pas le cas. Cela ne faisait rien, à cette seconde, elle avait, elle aussi, le sentiment d'avoir réussi quelque chose. De repos ce soir-là, elle proposa à Stiofán de dîner en ville pour fêter l'événement. Pour la première fois, ils allèrent tous les deux dans un restaurant. Maureen commanda une demi-bouteille de vin français et félicita encore son fils. Le dîner leur fut exquis, tant c'était pour eux une chose inhabituelle. Les questions d'avenir, qui auraient pu gâcher leur plaisir, furent sincèrement oubliées. Pourtant, quand on leur servit le café, Maureen sentit que le moment était venu, qu'après, il serait trop tard. Ses mains caressaient le bord de son assiette.

« Je t'ai vu l'autre jour vendre tes journaux. »

Stiofán regarda sa mère sans rien dire.

« Est-ce-que c'est à cause de tout ça que tu ne veux pas continuer tes études ? »

Stiofán alluma une cigarette.

« Je voudrais travailler, gagner de l'argent.

— Qu'est-ce-que tu sais faire ?

— J'apprendrai un métier.

— Tu veux retourner au Nord, n'est-ce pas ? »

Maureen avait la figure rouge et au bord des yeux, de l'eau de cœur serré.

« Je ne sais pas.

— Ça ne servirait à rien, tu sais.

— Jamais je ne pourrai oublier. Jamais.

— Je ne te demande pas d'oublier. Seulement d'essayer de vivre autrement. »

Elle essuya ses yeux avec la serviette en papier.

« Si tu ne sais pas où tu en es, tu devrais demander conseil à Dieu, ça t'aiderait. »

Stiofán eut un sourire triste. Maureen continua

« C'est ta vie, je sais. Tu es libre de tes choix, à présent. C'est peut-être pour ça que je pleure… Je prierai pour toi, pour nous. »

Le lendemain, Stiofán alla pointer. Comme tant d'autres, il gravit les quelques marches carrelées, poussa la lourde porte vitrée et se retrouva dans le premier hall où étaient assis tous ceux qui attendaient leur tour, tous ceux que le destin avait orienté sur un chemin au bout duquel se trouvait un guichet. Quelques centimètres de béton et de glace entre deux mondes, les actifs et les autres. Sous leur cloche de verre, les actifs avaient emménagé quelques ouvertures pour communiquer avec les autres sans être contaminés. Tous ces gens assis trituraient entre leurs doigts un ticket avec un numéro.

Stiofán alla prendre le sien et regarda autour de lui. Un seul banc offrait encore quelques places libres. Il s'installa à l'extrémité la plus proche et vit comment un de ses semblables vint occuper l'autre extrémité, pour être le plus loin possible. La salle n'était pas très grande, mais les gens parvenaient à garder leurs distances.

Sur les bancs de bois peints en gris clair, chacun attendait en silence, regardait sa montre, son voisin, les gens qui entraient et sortaient. Personne n'engageait de conversations, comme si, pour la plupart de ces visages, tout avait déjà été dit. Après une vingtaine de minutes d'attente, une femme appela le numéro 35. Stiofán se leva et se présenta devant l'employée du guichet 2, une jeune femme, pull ras du cou en laine mauve. Une vitre les séparait, comme dans un parloir de prison.

« Tu es bien traitée ? Tu n'as besoin de rien ? J'ai vu ton avocat hier. Il a bon espoir… »

Stiofán imagina qu'une telle conversation pût se tenir en ces lieux.

« Je viens pour une demande d'allocations. »

La jeune femme lui passa un formulaire en lui indiquant les parties à remplir. Quand il eut fini, elle parcourut ce nouveau dossier à traiter où était consigné en quelques croix et en quelques mots un résumé de sa vie. Elle lui posa ensuite les questions d'usage pour le compléter. À travers l'interphone, sa voix semblait sortir d'un gosier de métal. Cela lui rappela l'école. Elle sortit d'un tiroir une petite carte de couleur brune avec, dessinée au centre, une harpe noire. Elle inscrivit des chiffres puis signa.

« Stiofán Murphy, voici votre carte. Vous devrez vous présenter tous les mercredis entre 10 heures 20 et 11 heures 30 au guichet 18. Vous serez convoqué pour un entretien d'ici quelques jours. »

Stiofán mit la carte dans sa poche et alla jeter un coup d'œil dans le second hall. Il découvrit une salle au plafond haut, beaucoup plus vaste que la première, où se pressaient, en longues files devant les guichets, les démunis et autres acculés de la société irlandaise.

Quelques nouveaux cherchaient des yeux le numéro ou la lettre correspondant à leur carte. Dans ce lieu sans décors, rien n'arrêtait la résonance des voix. Pas de piliers, rien que de l'espace et un parterre en forme de mosaïque. Stiofán pensa qu'il se trouvait dans un hall de gare où l'on vendrait des billets pour des trains qui ne partent jamais. Dans les files d'attente se côtoyaient toutes les générations ; des jeunes, en jean et baskets, blouson de skaï râpé ou pull en grosse laine tombant mi-cuisses, d'autres, moins jeunes, la casquette vissée sur le crâne, le visage marqué par des années de travail mal rémunéré qui, aujourd'hui, ont honte de quémander leurs droits, qui se taisent. Stiofán regarda encore un instant tous ces reptiles rampant vers un même point, repéra son guichet et sortit. Dehors, de l'autre côté de la rue, des jeunes traînaient devant le parking. Ils fumaient et vidaient quelques canettes. Ils devaient se donner rendez-vous sur ce trottoir comme d'autres se retrouvaient au pub. C'était leur forme de vie sociale. Ils refaisaient le monde un moment avant de retourner à leurs errances.

IV

Toute sa vie professionnelle, Maureen l'avait passée auprès de gens allongés sur des lits de fer, meurtris par l'âge, la maladie, la malédiction, le hasard, le destin. Dans son travail, jamais elle ne parlait du 27 ou du 45. Elle appelait toujours les gens par leur nom, leur prénom ou parfois leur surnom. Même quand son travail l'obligeait à courir d'une chambre à l'autre, elle aimait prendre au temps, ne serait-ce que quelques secondes, pour communiquer avec eux et leur dire :

« Nous sommes vivants et nous nous parlons. »

Elle trouvait les mots qu'il fallait. Toute la journée, elle pouvait ainsi abandonner sa blessure pour entrer dans celle des autres et percer le fardeau des douleurs non exprimées, cachées derrière ces visages d'inconnus, qui finissent par pourrir à l'intérieur d'un corps. Le soir, dans le bus qui la conduisait à l'hôpital, ses yeux avalaient la lumière des réverbères, des néons et des enseignes de magasins. Dans ces ampoules de lumière nocturne, elle voyait des histoires d'êtres chétifs, des visages d'hommes et de femmes guérissant qui lui parlaient de demain. Elle aussi disait ces mots « demain » ou « à demain », à celui qui va guérir et à celui qui va mourir. Elle aimait ce métier malgré la déprime qui, parfois, s'agrippait à ses vêtements, se glissait partout sur les murs, dans les seringues, dans les rides ou dans les cheveux de ses collègues infirmières. Puis elle disparaissait soudain pour aller rôder ailleurs. Mais depuis quelque temps, cette déprime persistait comme un brouillard de plus en plus épais, au-dessus d'un marais mystérieux. Son énergie s'amenuisait comme la flamme d'une bougie qui vacillerait faute d'oxygène. Elle repensait souvent à elle.

Ce matin-là, lorsqu'elle arriva à l'hôpital, elle mit sa blouse blanche puis commença de préparer son chariot. La liste des patients à la main, elle compta les pilules, rangea les seringues, dosa les poudres, posa toutes sortes de flacons sur le premier plateau, répéta les gestes de la veille. Elle poussa son chariot dans les couloirs blancs, écouta les patients, leur parla, les piqua, les fit boire, ingurgiter, leur parla encore, nettoya les urines et les excréments d'êtres sans mouvements. Quelque chose clochait dans sa tête. Les couloirs étaient devenus interminables. Elle repensait à elle.

Fin de journée. Elle était épuisée. Sa collègue Ann le lui fit remarquer. Elle répondit que ce n'était rien, qu'elle manquait de sommeil. Ann enchaîna sur son prochain mariage à la fin du mois. Son mari et elle passeraient leur lune de miel en Italie. Rome, Venise, Vérone…

« Banal mais merveilleux », ajouta-telle.

Maureen se dit qu'elle n'avait jamais vu l'Italie. Elle ne connaissait que les deux Irlande. En rentrant le soir, elle prit le thé avec Stiofán. À table, le silence de leur voix, le raclement des fourchettes au creux des assiettes et le bruit des tasses qu'on pose sur les soucoupes. Maureen mangeait par petites bouchées qu'elle avait du mal à avaler. Stiofán avait remarqué la rapide métamorphose de sa mère, ces instants d'absence répétés où son esprit, l'espace de quelques secondes, se déconnectait de tout ce qui l'entourait pour s'engluer dans les marais noirs de son âme.

« Pourquoi cette tristesse soudaine ? » demanda-t-il enfin.

Maureen posa sa tasse en la gardant lovée entre ses deux mains. Elle avait besoin de chaleur. Son visage était d'une pâleur extrême. À son fils, elle ne dirait pas que ce n'est rien, elle n'utiliserait pas de demi-mots balbutiés.

« Depuis quelque temps, je me sens comme tous ces malades à l'hôpital. Je sais que je finirai comme eux, vaincue, sur un lit de fer, l'intérieur de mon corps pourri par la misère de ma vie. Je serai là, recroquevillée, déversant au fil des jours qui me rapprocheront de la fin, le flot de mes douleurs aux infirmières de passage. Toute la laideur de ma vie est déjà cristallisée dans mes entrailles. Personne ne peut la voir. Seul toi connais tous les monstres hideux qu'on a mis en moi. Sous ma peau, il y a cette neige grise et éternelle. »

Sa gorge était secouée de hoquets. Elle continua d'une voix saccadée.

« Tu sais… j'ai parfois pensé à refaire ma vie… mais qui voudrait d'une femme comme moi ?… »

Elle s'arrêta, respira profondément, et reprit d'une voix tremblante cette fois.

« Je suis une femme qui traîne son passé derrière elle comme les chiens tirent leur traîneau. Sur mon traîneau à moi, s'empilent des visages tordus, des corps disloqués, des lunes bleues, des morceaux de guerre… »

Elle se tut. La tête baissée, elle tenait toujours sa tasse dans ses mains. Stiofán la prit dans ses bras.

« Maman, c'est justement pour ça que tu dois continuer à te battre, réapprendre à aimer, avoir un homme dans ta vie. Moi aussi, je me suis tu pendant des années. Puis, j'ai commencé à écrire, à ouvrir les vannes de ce barrage pour qu'enfin s'écoule de moi un torrent de mots. Il faut s'accrocher à la vie parce que c'est tout ce que nous avons sur terre. Nous n'oublierons jamais, c'est impossible, mais nous vivrons parce que c'est la seule revanche que nous ayons sur la mort de ceux que nous aimons, et que nous aimons plus encore puisqu'à présent, ils ne sont plus près de nous. Vivre, ne penser qu'à aujourd'hui, à demain et aux lueurs à venir. »

* *

Stiofán commença un nouveau carnet. Sur la première page, il inscrivit en majuscules « JOUR APRÈS JOUR ».

« J'ai enfin enfoui les démons du passé sous les mots et désormais je n'écrirai plus rien de ces années, je ne transcrirai que le présent. Jour après jour. Et pourtant je sais… Je sais que même si les démons sont enfouis, ils n'ont pas disparu. Ils rôderont toujours, tapis dans l'ombre de chaque pensée, prêts à porter le coup de grâce. Je dois me faire à cette idée. Maman a essayé de leur échapper, de les ignorer par tous les moyens, ça ne lui a servi à rien. Au contraire. Je vivrai donc le jour et, la nuit, je me promènerai sur les mots. J'en ferai le lien entre le monde où je suis et le monde d'où je viens, entre l'obscurité et la lumière. Jour après jour, je vivrai avec cette douleur comme un homme vit au quotidien avec une vieille blessure de guerre mal cicatrisée. Je ne pourrai jamais vaincre mais je ne me laisserai pas dominer. Ne resterait alors pour moi que la mort. »

V

Il avait plu trois jours sans discontinuer. La ville était de nouveau sans couleurs, s'enfonçant dans le creux de l'automne, cet automne perpétuel avec l'ensemble de sa gamme chromatique au sein de laquelle toutes les saisons évoluent. L'Irlande n'était pas un pays de verdure sans raison. Stiofán profita d'une accalmie pour aller prendre l'air sans être agressé par la pluie et le vent. Il marcha dans les rues, fuma des cigarettes, regarda les gens, réfléchit à sa vie. Il descendit une ruelle qui menait sur les quais et aperçut la prostituée qui attendait sur le pas de cette même porte qu'il avait franchie avec elle trois mois plus tôt. Elle le reconnut et sourit en pensant à leur première rencontre. Elle lui demanda s'il voulait une passe. Stiofán fut un instant tenté de dire oui, mais se ravisa. Il ne voulait pas avoir l'impression de revenir en arrière.

« J'ai besoin d'air aujourd'hui. Je me rends au port pour voir le fleuve courir vers le large. »

La prostituée le trouva charmant, encore romantique, et lui dit qu'il serait toujours le bienvenu. Il la remercia et s'éloigna en direction du port. Il y avait peu d'activité en ce début de soirée, seulement des portes d'entrepôts délabrés, aux vitres cassées, que l'on était en train de fermer et qui s'emplissaient du chant triste et strident des mouettes. Il marcha le long du bassin, regarda les bateaux amarrés, s'imagina ailleurs, là-haut par exemple, parmi les oiseaux-tempêtes. Près du ciel, il pourrait observer le monde et exprimer ses espoirs et ses angoisses en jetant de petits cris aigus et répétés au-dessus de tous les marcheurs des villes qui lèveraient alors la tête. Il s'accouda au parapet et regarda le fleuve se gonfler lentement sous l'effet de la marée montante.

« J'ai quitté l'école pour me retrouver au chômage, songea-t-il. Après tout, ce n'est pas si mal, j'ai plus d'argent que je n'en ai jamais eu… »

Cependant, une inactivité prolongée lui serait nuisible et il le savait. La période des vacances scolaires était terminée et il était toujours inactif. Il passait le plus clair de ses journées, seul, à écrire sans conviction sur des feuilles volantes qu'il déchirait. Il avait d'abord apprécié sa nouvelle liberté, mais, au fil des jours, cette stagnation lui déplaisait car elle tarissait sa réflexion objective. De plus, Seamus s'était absenté pour quelques jours. Stiofán n'avait donc pu ni lui parler ni passer un moment avec ses livres. Il avait eu un entretien de motivation à l'agence pour l'emploi, mais cela n'avait rien donné. On l'avait orienté sur un chantier de construction routière. En le voyant arriver, le contremaître s'était tout de suite énervé.

« Je leur demande des hommes et ils m'envoient des petits gosses ! »

Sans qualification, il ne pouvait pas attendre le Pérou. Il allait falloir qu'il se rabatte sur les petits jobs.

« Je demanderai conseil à Seamus. »

La nuit avait enveloppé la ville et, dans le ciel aux reflets moreaux, des étoiles apparaissaient en taches minuscules et brillantes. Stiofán regagna le centrE-ville et s'arrêta chez Freddy's pour acheter un poisson frit avec des frites vinaigrées. Il mangea tout en marchant vers l'arrêt de bus de la rue principale. Personne n'attendait, le bus venait de partir. Il jeta le papier gras dans une poubelle et décida de rentrer chez lui à pied. Une bruine pénétrante se mit à tomber.

* *

Le samedi suivant, Stiofán et Gearoid se retrouvèrent, comme à l'accoutumée, devant les portes de l'église. « Jambe de bois » aussi était là, toujours indifférent à son entourage. Il ne communiquait avec les autres que quand il rendait la monnaie à un client, car malgré tout, il s'intéressait à l'argent qu'il recevait pour les journaux. Le mauvais temps empêcha les jeunes garçons de vendre de façon satisfaisante. Il avait plu toute l'après-midi si bien que la plupart des gens étaient passés, tête baissée, sans même regarder autour d'eux, pressés de se mettre à l'abri. La ville se liquéfiait d'heure en heure, et le ciel sans horizon, appesanti de lourdes balles de coton gris, ne laissait présager aucun changement. Trempés jusqu'aux os, ils revinrent au *Poet's* bien avant l'heure de l'ouverture. Les journaux du dessus de leur pile étaient gorgés d'eau. Le papier se désagrégeait au toucher.

« Ils ne seraient même pas bons à jeter au feu », fit Seamus en les laissant entrer. Il leur prépara un whiskey chaud où flottait une rondelle de citron, piquée de trois clous de girofle.

« Tenez ! Prenez ça, ça va vous réchauffer. »

Il déposa les deux tasses sur le comptoir pendant que Stiofán et Gearoid se débarrassaient de leurs cirés et se juchaient sur un tabouret. Gearoid souffla pour tenter de refroidir le breuvage et but une petite gorgée. Le grog était brûlant.

« En effet, ça va nous requinquer. Merci. »

Seamus se tira une pinte de Guinness et resta derrière le comptoir. Ils burent ensemble en parlant de la semaine qui venait de s'écouler.

« À propos, je suis passé deux fois cette semaine, mais le bar était fermé…

— Oui, j'ai dû m'absenter quelques jours. Pour affaires. »

Gearoid et Stiofán se doutaient de quel genre d'affaires il pouvait s'agir. Dans les milieux républicains, il était fréquent que quelqu'un disparaisse de la circulation l'espace d'un ou deux jours pour réapparaître ensuite, comme s'il avait été obligé de rester chez lui pour maladie. Les initiés savaient, qu'en fait, il n'en était rien. Il s'agissait plutôt d'une quelconque mission relative à l'IRA. Pour Seamus, les garçons n'en étaient pas sûrs, mais ne jugèrent pas utile d'insister. L'une des premières règles de l'organisation était de savoir se taire. De son côté, Seamus n'insista pas et passa à un autre sujet.

« Tu es toujours au chômage, Stiofán ? » demanda-t-il.

Stiofán fut un peu surpris de la question. Il écarta les bras en signe d'impuissance et ajouta :

« Si tu me demandes ça, c'est que tu dois avoir une idée derrière la tête… »

Seamus sourit en regardant le garçon.

« Tout juste. Je te propose du travail… »

Stiofán pensa tout de suite à une mission puis se rappela qu'il ne faisait pas partie de l'IRA. Il écouta, intrigué.

« Si tu le veux, je t'embauche à partir de ce soir au bar. Le jeune que j'avais est parti à Trinity. Qu'en dis tu ?

— C'est providentiel ! jubila-t-il. Je commençais à redouter cette oisiveté. C'est vraiment chouette de ta part.

— C'est toi qui me rends service. »

Gearoid finit son grog et lança :

« Et si le nouveau barman allait nous tirer ses trois premières pintes ? »

Stiofán commença le soir même. Le samedi soir, le bar était toujours plein à craquer. Le coup de feu durait environ trois heures, entre neuf heures et minuit. Un va-et-vient incessant entre les leviers de pression et la caisse enregistreuse. Les consommateurs se pressaient vers le comptoir avec des billets entre leurs doigts pour montrer qu'ils attendaient d'être servis. Il fallait également se souvenir des commandes de deux ou trois personnes différentes, ne pas se tromper dans les prix et rester disponible. De temps en temps, il laissait Seamus seul derrière le comptoir pour faire le tour des tables, vider les cendriers et ramasser les verres vides. Il en emboîtait jusqu'à dix les uns dans les autres ; une tour de Pise en verre qu'il ramenait au bar en se frayant un passage entre les buveurs. Dans ce brouhaha étourdissant, il s'entendit appeler alors qu'il retournait au bar. C'était Gearoid. Il se tenait debout près de l'orchestre qu'on avait du mal à entendre.

« Alors, tu t'en sors ?

— Ça va, mais je préférerais être de ton côté. J'ai même pas pu fumer une cigarette depuis le début de la soirée…

— Pense au fric que tu vas recevoir à la fin. Il n'y a que comme ça qu'on continue.

— Je sais. En attendant, il faut que j'y aille. Il est presque onze heures. »

À onze heures, c'était le rush pour la dernière commande. Les clients prenaient encore une ou deux pintes avant que l'on n'arrête de servir. Quand ce fut terminé, Stiofán put souffler un peu. Il fuma une cigarette puis lava des verres. Le dernier client sortit vers minuit. Stiofán ferma la porte derrière lui et se sentit soulagé. Il se tira une Smithwicks et s'assit à une table avec une cigarette. Il apprécia ces minutes de calme. Le travail l'avait épuisé et il ne pouvait penser à rien qu'à cet instant de repos. Il dut encore ranger la salle et passer un coup d'éponge sur toutes les tables pendant que Seamus s'occupait de la caisse. Il put partir vers une heure et demie du matin après avoir reçu son argent et les encouragements du patron. Seamus lui proposa de le raccompagner en voiture, mais Stiofán voulait marcher un peu et profiter de l'air frais. Dehors, la pluie avait cessé. Stiofán s'enfonça dans les rues sombres, rafraîchies par la nuit et par l'absence de passants.

VI

« Quand j'aurai soixante-dix ans, je jetterai un coup d'œil rétrospectif et je verrai en vrac des rencontres, des départs, des petits jobs pour survivre, des illusions, des moments de joie éphémères qui aident à continuer, des morts, des naissances, pas seulement d'enfants mais d'émotions et de rêves, des images de villes et de gens, de maisons aux façades défraîchies, des films muets en accéléré où il y aura des formes et des couleurs de jadis, disparues, mais pas oubliées, des images flashs de femmes aimées qu'il aura fallu quitter, une mère qu'on ensevelit, un père qui crie "Vous n'avez pas le droit", un espoir nourri de mon désespoir, une corde de harpe, et aussi, en toile de fond, mon avenir flétri. Et puis, L'Irlande sous la pluie, collectionneuse de larmes divines et humaines. Je dirai alors : "C'est ma vie." »

VII

Leur histoire commença une nuit pluvieuse de la fin octobre. Un pont au milieu d'une ville endormie, une rivière sombre d'où montaient chuintements et clapotis d'eau en partance. De rares voitures aux coupe-coupe lumineux se frayaient un chemin dans l'obscurité et, sur le trottoir, une jeune fille faisait les cents pas. Lentement, ses deux poings nichés sous le menton, elle allait et venait sur un fil imaginaire. Son esprit avait arbitrairement fixé deux points dans l'espace et, dans une foulée machinale, elle respectait scrupuleusement les limites de cette ligne au tracé invisible, comme si c'était là, quelque part sur ce morceau d'asphalte, qu'elle trouverait une réponse, un début, une fin ou un destin ; en tout cas à cet endroit et pas ailleurs. Parfois, elle s'arrêtait, posait ses mains sur le large parapet de pierre grise couvert de mousse humide et se penchait légèrement. Elle fixait le vide noir, mouvant dans un grondement perpétuel, amalgame d'eau se faufilant entre les rochers, de klaxons lointains et de rêves qui se noient. Après un instant de cette contemplation, elle reprenait sa danse nocturne. Son va-et-vient avait à peine recommencé qu'elle entendit des pas qui se rapprochaient. Elle s'interrompit et aperçut une silhouette d'homme en chapeau et imperméable qui marchait dans sa direction. Il la dépassa sans même la regarder.

« Monsieur… »

L'homme ne se retourna pas et répondit d'un vague geste de la main. Il continua son chemin en marmonnant. La jeune femme le rattrapa et marcha un instant à côté de lui. L'homme ne sembla prêter aucune attention.

« Monsieur, je cherche le chemin de la lune rousse, des étoiles argentées, de la mer sans cesse en mouvement où s'étreignent les poissons… »

L'homme pressa le pas. Elle s'accrocha à son bras.

« Ne partez pas. Attendez ! N'avez-vous donc jamais voulu marcher sur l'écume des vagues, dormir au creux de la houle, voler sur le dos des mouettes ou voler tout simplement ?

— Mademoiselle, je vous en prie. »

Il dégagea son bras d'une secousse et accéléra encore le pas. Elle le suivit, courant presque, et s'accrocha de nouveau à lui.

« Être de l'air, invisible et partout à la fois, tout connaître de la vie, communiquer et communier avec vos semblables ? »

L'homme la repoussa, un peu plus violemment cette fois, pour la dissuader d'aller plus avant.

« Vous êtes folle, lui cria-t-il, folle à lier. »

Elle aperçut son visage anonyme qu'elle avait déjà vu cent fois dans les rues et les magasins. Il était celui qu'on ne remarque pas parce qu'il est comme tous les autres. Alors que l'homme pressé disparaissait au bout de la nuit, de l'autre côté du pont, elle se mit à hurler, le regard noyé dans le fleuve noir.

« Folle, je suis folle. Folle, folle, puisqu'il le dit. C'est facile, ils le disent tous. Fou, folle, absurde, dément, amoureuse, hagard, folle, perdue, seule, amour, folie… »

Elle revint en courant vers sa ligne imaginaire et s'écroula en sanglotant. Le vent s'était levé et soulevait ses longs cheveux noirs qui tournaient autour de sa tête comme un carrousel. Des larmes mélangées à de l'eau de ciel tombaient sur ce pont qu'elle avait cru pouvoir amarrer à un rayon de lune. Partir ou rester parmi les lumières orangées de la ville, mais que son corps ou son esprit puissent s'envoler. Quelques minutes s'écoulèrent rythmées par de courts hoquets et des reniflements. Le fleuve avait à présent absorbé tous les bruits de la journée et de la nuit et les portait vers l'océan pour qu'ils y soient à jamais engloutis et que demain soit fait de bruits neufs, rassurants le jour et inquiétants la nuit.

La jeune femme releva la tête à l'approche d'une autre silhouette d'homme dont les semelles résonnaient sur le bitume du trottoir humide et luisant. C'était Stiofán qui rentrait chez lui après sa nuit de travail. Elle resta adossée au parapet, les genoux sous le menton, bien décidée à ignorer ce visage identique au précédent. Mains dans les poches, Stiofán ralentit son pas à la vue de ce corps recroquevillé dans un repli d'ombre. Il s'accroupit et se pencha sur cette forme sans visage.

« Mademoiselle... On vous a agressée ? »

La voix était douce, mais la jeune femme ne répondit pas. Elle leva juste la tête vers lui et vit qu'il s'apprêtait à lui poser la main sur son épaule. Elle réagit instantanément.

« Ne me touchez pas, cria-t-elle, soudain sur ses gardes. Ne me touchez pas si vous êtes comme eux. »

Stiofán eut un geste de recul.

« Calmez-vous. Je ne vous veux aucun mal.

— Vous n'êtes pas comme eux ?

— De qui voulez-vous parler ?

— De tous ces gens qui prêchent, sermonnent, avertissent, qui disent "moi, je", qui parlent mais n'écoutent pas, méprisent les autres, passent sans regarder. » Elle renifla bruyamment. Stiofán se releva et alluma une cigarette.

« Mademoiselle, levez-vous. Nous n'allons pas rester ici toute la nuit dans ce froid. Venez avec moi. Je vous raccompagnerai chez vous et vous me raconterez votre histoire. Je ne vous toucherai pas. Je marcherai près de vous.

— Vous ne savez rien de moi et vous m'emmenez ?

— Pourquoi pas ? Le pont sur lequel nous sommes ne relie pas seulement deux morceaux de terre. Il relie aussi les êtres perdus de la nuit, les poètes et les chercheurs de rêves. »

Dans le silence qui suivit ces mots, la jeune femme se releva. Stiofán put enfin découvrir son visage. Un visage chiffonné par l'émotion entouré d'une longue chevelure d'ébène. Quelques cheveux étaient collés sur son visage lisse où ses lèvres, finement sculptées, semblaient une légère houle sur un océan, calmé après la tempête.

« Je m'appelle Stiofán. Et vous ? »

La jeune femme sourit timidement.

« Je m'appelle Sinéad. Danseuse nocturne, arpenteuse de ponts et chercheuse d'impossibles. »

La ville n'était plus qu'un souffle de vent où tourbillonnait un crachin hargneux.

VIII

Depuis qu'il travaillait, Stiofán écrivait moins. Il rentrait toujours vers une heure du matin, épuisé par ces heures passées dans le tumulte du bar. Maureen avait accepté cette situation sans grand enthousiasme, mais s'était dite contente pour son fils ; seulement, elle n'y voyait guère d'avenir. Elle connaissait aussi le *Poet's* de réputation et savait que c'était un lieu de rencontre pour les républicains même, si, par son ambiance chaleureuse, il attirait d'autres consommateurs épris de bonne humeur, de chansons et de musique traditionnelle. Elle aurait aimé qu'il s'éloigne de ces endroits où on parle du Nord et de l'IRA, mais Stiofán avait l'air au contraire de s'y enfoncer de plus en plus. Elle ne disait rien, elle n'avait rien d'autre à lui offrir.

Sèamus, de son côté, avait pris Stiofán sous son aile. Après lui avoir donné du travail, il lui avait proposé de lui apprendre à conduire.

« On ne sait jamais… Si tu cherches un autre travail, ça te sera peut-être utile. »

Stiofán avait tout de suite accepté cette idée. Il ne disposait pas de l'argent nécessaire pour des leçons et Maureen, n'ayant pas de voiture, ne pouvait pas l'aider. Grâce à Seamus, Stiofán pourrait bientôt se procurer, pour quelques livres, un permis provisoire. Pour la première leçon, Seamus avait choisi d'emmener Stiofán sur une petite route, en ligne droite sur au moins un kilomètre, qui menait à une carrière. C'était une route perdue au milieu de champs où personne ne circulait le week-end, idéale donc pour l'apprentissage des automatismes du conducteur. Les mains crispées sur le volant de la vieille Renault 4, Stiofán mit le contact et entreprit de passer la première. Il débraya, enclencha la vitesse puis relâcha doucement la pédale d'embrayage tout en accélérant. La voiture commença à avancer.

« Ne regarde pas tes pieds, sinon tu ne vas pas aller bien loin. Regarde ta route. Passe en deuxième maintenant. » Stiofán s'exécuta en essayant de concentrer son regard sur la route.

« Là, doucement, la troisième. Allez, vas-y, continue, la quatrième… Voilà, tu ralentis maintenant. Tu rétrogrades et tu fais demi-tour là-bas au petit carrefour. »

Seamus avait semblé satisfait de son chauffeur. Sa vieille voiture n'était pas malmenée et il s'amusait de voir la mine sérieuse et concentrée de Stiofán.

« Allez, on recommence. »

Ils refirent plusieurs fois le chemin dans les deux sens. Stiofán ne s'en tirait pas trop mal et était beaucoup plus détendu.

« C'est tout pour aujourd'hui. La semaine prochaine, nous irons dans la circulation après quelques tours de chauffe. »

Stiofán coupa le contact et Seamus se mit au volant. Pendant qu'il conduisait, Stiofán observait les gestes naturels du conducteur.

« Des millions de gens, tous les jours, partout dans le monde font ces mêmes gestes, et moi, j'ai encore du mal à ne pas regarder mes pieds », pensa-t-il.

« Un conseil. Quand tu conduis, il faut toujours savoir ce qui se passe autour de toi, devant, derrière, sur les côtés, partout. Ça évite les surprises. Au fond, c'est comme dans la vie, il faut toujours avoir le contrôle de ce qu'on fait.

— Je ne crois pas qu'on puisse vraiment contrôler sa vie, ce serait trop simple. Chacun a un destin qu'il suit en se croyant libre. »

Seamus jetait de brefs regards en direction de Stiofán tout en continuant de regarder sa route.

« Le destin prend seulement date de ta naissance et de ta mort. Entre les deux, il y a ta vie qui marche au milieu d'autres vies du monde, à travers une époque, avec ses drames propres et ses instants de bonheur. Tu seras le seul timonier de ton esquif, naviguant entre lumières et ténèbres. »

Stiofán savait que, d'une certaine manière, Seamus avait raison. Néanmoins, cette règle n'était pas universelle et ne s'appliquait pas à lui. Il n'avait pas choisi de voir la tragédie dont sa famille avait été victime.

« N'empêche qu'il existe des événements contingents capables de déterminer le reste de ta vie… Tu ne crois pas ? »

Seamus ralentit à l'approche d'un village et, sans quitter sa route du regard, répondit :

« Ces événements sont communs à toutes les vies, sous une forme ou sous une autre. À toi de réagir et de les négocier comme tu l'entends. Tu es le maître à bord, après Dieu. »

N'aurait été la toile de fond tragique qui les rapprochait, cette discussion les aurait fait sourire, chacun défendant son point de vue en sachant, sans l'admettre, que l'autre avait un peu raison. Ils traversèrent Croom puis rejoignirent la nationale en direction de Limèrick. Quand ils abordèrent les faubourgs, la nuit assombrissait déjà la forme des maisons. En cette fin d'après-midi, les rues étaient encombrées et Seamus eut du mal à trouver une place près du pub. Après avoir fait trois fois le tour du centre, il eut la chance de passer devant son bar au moment où une place se libérait.

« On n'aura même pas besoin de traverser la rue », fit-il d'un air satisfait.

Ils descendirent et vérifièrent que toutes les portières étaient bien fermées. Ils avaient une petite heure devant eux pour préparer l'ouverture.

IX

Stiofán avait tenu sa promesse. Il ne l'avait ni touchée ni même effleurée, il l'avait simplement regardée et l'avait trouvée très belle. De leurs regards qui s'étaient fortuitement croisés au-dessus de l'eau noire du Shannon étaient nées des habitudes de rencontre. Ils marchaient côte à côte dans les rues, s'asseyaient face à face aux tables des bars, se faisaient des signes de la main aux arrêts d'autobus, se laissaient des messages griffonnés sur un papier, apprenaient à communiquer. Deux êtres-planètes qui décryptaient le langage de l'autre en essayant d'en comprendre les demi-mots, les gestes, les raisons et les déraisons. Ils disaient « maintenant » et évoluaient dans le milieu infini de l'instant sans s'occuper de savoir ce dont demain serait fait.

À travers les phrases prononcées le long des quais ou derrière la fumée des bars, Stiofán discernait peu à peu des contours de vie, des fragments infimes d'un puzzle de destin. Sinéad avait 21 ans. À 18 ans, elle avait quitté ses parents, fermiers dans le Tipperary, pour suivre un homme qui, un an après, l'avait abandonnée pour une autre histoire. Depuis, elle vivait, esseulée, voulait partir, quitter son job de vendeuse d'épicerie. Elle parlait souvent de Dublin, à l'ambiance lumineuse, rêvait des brumes de Londres ou de New York, voulait une histoire. Cependant, ces rêves en chantier qu'elle tardait à rejoindre, lui donnaient l'impression d'être dépassée par le temps, cet océan d'heures, de minutes et de secondes qui, devant ses yeux, s'asséchait sans discontinuer. Elle abhorrait l'amnésie des hommes qui passent en oubliant leurs sentiments au détour fragile d'un cœur. Elle avait montré à Stiofán sa petite chambre de bonne, sous les toits d'une de ces rues sordides et étroites du vieux Limerick. L'aspect morne et défraîchi des maisons aux façades jaunes et aux portes bleu-ciel, les quelques enseignes rouillées de bars louches, deux grosses lignes jaunes le long des trottoirs gris, les panneaux aux affiches délavées par le temps et lacérées par les enfants ;

cet ensemble particulier dégageait une harmonie étrange, désuète, d'une tristesse extrême. La chambre était exiguë et sans chauffage propre. Sinéad devait se contenter de la chaleur d'un vieux poêle installé dans l'appartement du dessous dont le gros tuyau en accordéon courait le long de son mur, à côté de la porte, pour sortir sur le toit. La douche et les W.C. étaient sur le palier. Par la fenêtre, on voyait le château du roi Jean, masse grise surplombant le Shannon. Une petite ampoule blanche, nue, suspendue au plafond, éclairait son univers : une armoire de bois brun clair, un lavabo, une table sous la fenêtre avec un réchaud et un lit avec, au-dessus, un poster de soleil, d'océan et de ciel bleu. Le seul désordre était celui de livres qui traînaient au pied du lit. Stiofán retint *La Métamorphose* de Kafka. Il observait, écoutait, sentait le désir de s'imprégner de ce nouveau monde mystérieux, fascinant, où le noyau, composé de cellules de cheveux, de bouche, de cœur, d'yeux et de peau, contrastait avec le sordide stagnant du décor. Stiofán découvrait un être à la fois sensible à en mourir et déterminé à vivre coûte que coûte avec cette sensibilité. Quand Sinéad parlait, Stiofán s'était surpris à quelquefois caresser des yeux le haut de ses cuisses où il pouvait deviner, à travers son jean serré, les courbes de son sexe. Il l'imaginait yin et yang, à la fois soleil et océan. Aujourd'hui, ils s'étaient vus dans un bar près de la rivière. Stiofán avait parlé un peu de lui, sans même songer à mentionner ses vrais douleurs. Il voulait profiter de l'instant. Il ne lui avait rien dit non plus de son engagement présent et à venir dans cette armée invisible et ubiquiste.

X

Stiofán n'avait encore parlé de Sineád ni à sa mère, ni à Seamus, ni à Gearoid. Après tout, il ne s'agissait pour l'instant que d'une rencontre, rien de plus, même si Stiofán était persuadé que les distances entre eux s'amenuiseraient au fil des rendez-vous. Il voulait de toute façon garder secrète ce début de relation. Il avait conscience de mener deux vies distinctes qu'il ne pouvait raconter sans se compromettre.

Aujourd'hui, c'était lundi, jour de fermeture du bar, mais Seamus avait tenu à ce que Stiofán et Gearoid viennent en fin d'après-midi. Ils arrivèrent en même temps et frappèrent au carreau. Seamus vint leur ouvrir et tous trois s'installèrent à une table avec, devant soi, une pinte de Guinness et au mur, le regard bienveillant de Yeats. Stiofán songea que le bar était un endroit formidable quand il était vide.

« Toujours satisfaits de vendre des journaux ? » commença-t-il.

Gearoid eut une moue désabusée.

« Je dois dire que ça devient un peu lassant, surtout quand on est sous la pluie.

— C'est bien ce qu'il m'avait semblé… J'ai peut-être encore autre chose pour vous. Vous avez fait votre travail consciencieusement et je vous fais confiance. »

Seamus, comme la dernière fois qu'il avait proposé quelque chose de sérieux concernant la Cause, avala une gorgée de Guinness avant de continuer.

« Vous vous souvenez sans doute que je me suis absenté il y a quelques semaines de cela. Je me suis rendu à Belfast. Le mouvement est en restructuration. L'état-major va introduire une structure de cellules et j'ai été chargé d'en organiser une dans notre secteur. Pour cela, il me faudrait des volontaires, des gens de confiance motivés. »

Seamus consulta du regard les deux garçons. Stiofán avait allumé une cigarette et attendait la suite.

« Droit au but, lança Gearoid.

— Seriez-vous intéressés ? »

Stiofán tapota le bout de sa cigarette pour en faire tomber la cendre.

« Si tu nous expliquais ce que tu entends par le mot "cellule" ?

— Voilà, il s'agit en gros de nous organiser nous-mêmes sans l'intervention directe du mouvement. C'est-à-dire que, si une mission nous est confiée, je m'occupe de mettre sur pied un petit groupe de trois ou quatre personnes selon le type de mission. Des gens qui, peut-être, ne se seront d'ailleurs jamais rencontrés, mais qui peuvent se compléter. Il peut s'agir de missions sur Limerick comme sur Belfast ou à n'importe quel endroit de l'île.

— Ça m'intéresse, fit Stiofán en écrasant sa cigarette au fond du cendrier.

— Et toi Gearoid ?

— Ça m'a l'air moins ennuyeux que de vendre des journaux sous la pluie. Est-ce que c'est dangereux ?

— Oui, ça peut l'être », répondit franchement Seamus.

Néanmoins, je ne vous demande aucune réponse maintenant. Je vous demande simplement d'y réfléchir.

« Nous allons y réfléchir sérieusement, n'est-ce pas Geraoid ? »

Ce dernier acquiesça.

« Si vous vous décidez, il vous faudra officiellement prêter serment et vous familiariser avec les armes et, très important, la philosophie de notre combat. Voilà, conclut-il, c'est tout ce que je peux vous dire pour le moment. Inutile de vous rappeler que tout cela doit rester confidentiel. Trinquons à la grandeur de notre pays. »

Cette nuit-là, dans sa chambre, Stiofán ouvrit son carnet et écrivit :

« Cellule : petite chambre isolée où les rêves sont reclus. Première alvéole de vie d'un tissu en développement. Fuselage. Cellule photo-électrique mesurant l'intensité lumineuse de notre époque. Noyau. Section. Famille. Prison. Phare qui scintille au loin dans les brumes opaques qui entourent mon cerveau. De mon déracinement, je pense à ces jeunes hommes qui dans quinze mois, seize jours exactement, puisque l'église sonne déjà le douzième coup de minuit, finiront cette décennie au Maze, au creux d'un bloc de béton et de fer. De l'alphabet, ils ne retiendront que la lettre H, comme haine, harcèlement ou harpe. Ou encore H Blocks.

Comme eux, je chercherai nuit et jour cette corde de harpe, orpheline des siècles, enfouie sous quelque sable ou jetée au fond de quelque mer. Cette corde d'égalité que des hommes sombres ont fait disparaître dans l'acide du passé. Une corde au son pur, naturel. Je la chercherai cette nuit sur ce rayon de lune qui m'éclaire. Je la chercherai. Dans mes pensées imparfaites, dans la poussière des villes du Sud. Je la chercherai. Qu'importe d'être là ou ailleurs, à Limerick ou à Belfast. Cette terre, au milieu de l'océan, enflammée de révolutions avortées, s'agitera à jamais de rebellions incessantes. À la recherche d'une harmonie, je chercherai, comme tant d'autres avant moi, cette terre dans son entièreté, moissonneur infatigable des particules oubliées de son corps. »

XI

« Je vis mon père qui se débattait. Deux hommes cagoulés le poussaient dehors à coups de pied. Il tomba à terre, dans l'herbe humide, son corps se recroquevillait à chaque coup. Tout ça se passait sans un bruit, des images violentes passant sur un écran géant dépourvu de son. Les protagonistes de ce drame ne semblaient pas avoir de visage et se mouvaient au ralenti dans un environnement flou et disloqué. Je voulus marcher vers ces hommes mais il m'était impossible d'avancer. Je voulus hurler, mais aucun son ne parvint à sortir de ma gorge. Le silence était assourdissant, effrayant. Un œil se posa sur moi, un œil venu d'ailleurs, et une main s'approcha lentement pour me toucher, me prendre peut-être, j'étais là, sans réaction, je… »

Stiofán se réveilla en sursaut et vit sa mère près de lui. Le cœur battant, la voix précipitée et la vision encore incrédule, il demanda :

« C'est toi cette main, cet œil ?

— Tu dois avoir fait un cauchemar. Mais, rassure-toi, c'était sûrement moi, cette main, cet œil. J'ai appelé mais tu n'as pas répondu, alors je suis venue. Gearoid est ici, il t'attend. »

Stiofán consulta sa montre. Elle indiquait cinq heures vingt.

« Je me suis allongé vers quatre heures, je voulais juste fermer les yeux un instant…

— Ça va maintenant ?

— Oui, oui. »

Sa voix était encore un peu vague, mais déjà, les images du mauvais rêve s'estompaient. Il se leva, s'aspergea le visage d'eau fraîche et alla rejoindre Gearoid. Dehors, le jour déclinait et la pluie continuait de bombarder la ville de ses milliers de gouttelettes. Les deux amis avaient revêtu un long ciré kaki. La capuche remontée, dissimulant leur visage, ils ressemblaient à deux prêtres en exil dans la tourmente. Ils marchèrent tête baissée dans O'Connell street, fixant le bitume du trottoir qui brillait sous la lumière orange des réverbères. L'eau courait le long des caniveaux et s'accumulait autour des grilles d'égout bouchées. Des flaques énormes débordaient sur la route, inondant les trottoirs. La ville était liquide. Stiofán et Gearoid parlèrent peu en chemin. Le temps venteux et humide n'était guère propice à une discussion et, de plus, ils étaient préoccupés par ce qui allait se jouer chez Seamus dans les minutes à venir. En effet, tous deux avaient fait part à Seamus de leur intérêt pour cette structure de cellule. Ce dernier avait alors organisé la venue d'un ami de Belfast qui leur expliquerait le sens de leur combat et écouterait leur serment au mouvement. La rencontre était prévue pour ce soir. Stiofán s'était montré enthousiaste ; quant à Gearoid, il avait accepté sans état-d'âme en pensant qu'il se devait d'aller plus loin dans son engagement sans quoi le Nord risquerait de finir dans les oubliettes de l'histoire. Les deux garçons ne furent pas mécontents de pousser la porte du *Poet's*. Ils se débarrassèrent de leurs cirés et les accrochèrent au portemanteau de l'entrée. Seamus les accueillit.

« Prenez place. Brendan n'est pas encore là. Il ne devrait pas tarder. »

Il servit les pintes et continua.

« C'est un représentant officiel du mouvement. On a de la chance qu'il vienne le jour de fermeture, on a tout le bar pour nous. »

Brendan arriva quelques minutes plus tard. À la surprise de Stiofán et Gearoid, il arriva cagoulé, habillé de noir des pieds à la tête. Même Seamus parut un peu étonné de le voir dans cet accoutrement, mais ne fit aucune remarque. Il lui serra la main et fit de sommaires présentations. Il alla lui tirer une stout et tous s'assirent à la table. Le ton de la rencontre était donné. Toute la soirée se déroulerait dans une atmosphère paradoxale, mélange baroque de méfiance et de confiance à partager, de secrets à dire et à garder, de fascination et de suspicion. Les regards étaient fixés sur Brendan qui commença en s'adressant aux deux garçons. Il s'exprimait en anglais avec un accent du Nord marqué.

« Vous vous demandez sûrement pourquoi je ne viens pas vers vous à visage découvert, n'est-ce pas ? Tout simplement parce que je ne vous connais pas. Ce n'est pas dans mes habitudes de prendre des risques inutiles. Tout ce que vous retiendrez de moi pour le moment, c'est une silhouette noire et une voix déformée. J'ajoute que Brendan est un nom d'emprunt que je me suis donné pour ce soir. »

Après ce préambule nécessaire, « Brendan » aborda ce pourquoi il était venu.

« Parlez-vous la violence ? » demanda-t-il en clignant des yeux.

Stiofán et Gearoid ne répondirent pas, attendant la suite de l'exposé. Pour se donner une contenance, Stiofán prit une cigarette. Brendan continua.

« Une langue indispensable de nos jours. Une langue difficile, ardue, gutturale. Nos ennemis couronnés la parlent à la perfection. Vous savez pourquoi ? »

Bien que la question n'appelât aucune réponse autre que la sienne, il marqua une nouvelle pause. Les deux garçons échangèrent un rapide coup d'œil, mais ne dirent rien.

« Vous ne savez pas ? Mais c'est parce que c'est leur langue maternelle, tout simplement. Ils parlent même plusieurs dialectes : torture, humiliation, massacre de manifestants, injustices, et j'en passe. Nous avons, nous aussi, été obligés d'apprendre cette langue. C'était malheureusement la seule façon que nous avions de communiquer avec eux, tous les autres moyens avaient échoué. Nous avons dû en analyser les lettres, les mots, les phrases, en étudier la grammaire, la science misérable et l'esprit morbide. »

Seamus n'écoutait que d'une oreille distraite. En regardant le portrait de Yeats au-dessus de la banquette, un extrait de poésie lui vint à l'esprit.

Nous qui, il y a sept ans ne parlions
Que de vérité et d'honneur,
Nous glapissons de joie dès que nous pouvons
Bondir ou mordre comme la fouine.

Il but une gorgée de bière et continua d'écouter le monologue de Brendan.

« Vous connaissez Belfast, bien sûr ? »

Gearoid bougea un peu sur son siège. En fait, il n'avait jamais été en Irlande du Nord, mais en avait souvent entendu parler par Stiofán et Seamus. De toute façon, encore une fois, la question n'était pas posée pour obtenir une réponse. Ces questions réthoriques généraient une certaine pression qui entourait tout le discours de Brendan d'une lourde chape de silence après que sa voix se fut tue.

« Combien de familles mutilées, d'hommes et d'enfants tués, emprisonnés, humiliés avec dans les yeux des larmes de "pourquoi" ? C'est de ces larmes et de ce sang versé qu'est née l'IRA provisoire. Au milieu de maisons pillées. Il nous a fallu nous organiser pour répondre à ces actes de violence. L'oppression permanente avait engendré la révolution. »

Il se leva et se plaça derrière sa chaise, les mains sur le dossier.

« Mais attention. Ne croyez pas que ces tristes événements soient un moteur. Ils furent un détonateur. Nous ne sommes pas des justiciers vengeurs. Nous voulons faire de l'Irlande une terre unie, conformément aux articles 2 et 3 de la constitution, et restaurer un parlement irlandais comme le Dail de 1918 dont nous sommes les héritiers directs...Tout volontaire potentiel doit garder cela à l'esprit. Les gens sans concept politique n'ont pas de place dans notre armée. D'autre part, votre engagement devra être sans réserve. Dans une armée secrète, la vie est dangereuse, parfois cruelle et pleine de désillusions. Vous n'aurez ni médailles, ni gloire. Votre seule satisfaction sera de combattre pour le droit. J'ajoute que vous devrez savoir obéir à des ordres, quels qu'ils soient, sans les discuter. Il vous faudra de fortes convictions pour être capables de tuer un homme sans remords... Ne cherchez parmi nous aucune aventure romantique. Le risque d'être capturé et condamné à de longues et pénibles peines de prison, voire d'être tué est une ombre qui vous suivra à chacun de vos pas. Voilà, je vous ai dit l'essentiel. Je vous pose donc maintenant la question que Seamus a dû vous poser de façon informelle. Cette fois, votre réponse aura valeur officielle. Réfléchissez quelques secondes. »

Seamus se redressa comme pour souligner la solennité du moment. Dans le court silence d'ultime réflexion, Stiofán pensa : « Je rejoins en cet instant les noms prestigieux qui jalonnent les chemins millénaires des héros du silence et de l'ombre. Je gravirai les sentiers oubliés à la recherche de la paix et de la justice, corde qui manque à notre harpe. J'apporterai ma pierre à cet édifice, si modeste soit-elle. »

Gearoid regardait le fond de son verre et attendait la question. Brendan reprit la parole.

« Alors, souhaitez-vous rejoindre l'IRA provisoire et prêter ce soir, en la présence de Seamus O'Donnell, le serment d'allégeance ? »

Stiofán et Gearoid prêtèrent serment. L'Armée républicaine irlandaise venait de recruter deux jeunes de plus à son service. Les quatre hommes portèrent un toast à la Verte Erin. Les deux amis avaient l'air de deux récipiendaires. Dans leurs têtes passaient des images de poings levés vers le ciel, de nuits froides à guetter, de portes de prison qui se ferment, d'île sans cicatrice. Brendan sortit un instant prendre l'air dans l'arrière cour. Quand il revint, il était toujours cagoulé et avait avec lui une longue mallette, noire elle aussi.

« Tu pourrais enlever ton masque maintenant, risqua Seamus en pensant que cela faciliterait la discussion, à présent que tous autour de cette table étaient dans le même bateau. »

La réponse fut un peu sèche.

« Je suis entré comme ça, je ressortirai de la même façon.

— Bon, bon, comme tu voudras », se défendit Seamus en écartant les bras. Brendan ouvrit la mallette et en sortit une arme en pièces détachées.

« Armalite M 16, fusil d'assaut léger, 3,5 kg, crosse pliante. Pratique à transporter. Passe quasiment inaperçue. C'est une arme très agressive qui est fabriquée sous licence par la Sterling Armament Company Ldt de Grande-Bretagne. Cela veut dire que nous utilisons des armes de fabrication britannique pour tuer des soldats britanniques… Amusant, non ? »

Il monta rapidement l'arme, en expert, et la tendit à Stiofán. Pour la première fois de sa vie, Stiofán tenait une arme entre ses mains. Ceux qui n'ont jamais touché d'arme de leur vie sont, au premier abord, pris d'une fascination par ces engins sortis de cerveaux d'hommes. Lors du contact avec le métal froid, des ondes invisibles pénétrèrent son corps, des ondes diffuses, mélange d'illusions de pouvoir, de peur d'être capable de tuer, d'images de guerre, et de sang. Il passa le fusil à Gearoid qui l'épaula et le reposa aussitôt sur la table entre les verres vides.

« Belle arme, commenta Seamus en connaisseur. Tu as encore autre chose ? »

Brendan ne répondit rien et se contenta d'assembler une autre arme, plus compacte que la précédente, composée de trois parties.

« Kalashnichov AK 47, calibre 7,62. Tire en rafales ou coup par coup. Vitesse initiale de la balle, 7,10 mètres-seconde. Peut tirer jusqu'à six cents coups minute… »

Pour terminer, il leur monta un pistolet automatique Browning.

« Il faudra que ces armes vous soient familières. Sachez les monter, les démonter, les utiliser, les cacher. Un jour, vous en aurez peut-être besoin. Maintenant, nous allons les regarder de plus près. »

Seamus et Brendan expliquèrent le fonctionnement des armes et leur assemblage. Stiofán et Gearoid passèrent une heure à les monter et à les démonter, d'abord dans la lumière puis dans l'obscurité. C'était en fait assez simple et ils comprirent vite l'emboîtement des différentes pièces. Ils répétèrent les gestes jusqu'à ce qu'ils commencent à devenir automatiques. Il était près de trois heures du matin quand Brendan partit. Ses derniers mots, il les avaient prononcés debout, les deux poings fermés, appuyés sur la table, comme si son final allait transcender tout ce qu'il avait pu dire auparavant :

« Où que vous soyez, quoi qu'il vous arrive, ne parlez jamais de l'IRA. Ne dites RIEN, JAMAIS. »

Seamus l'avait ensuite raccompagné à la porte. Stiofán et Gearoid virent qu'il enlevait sa cagoule avant de sortir. En fait, ils ne distinguèrent que le geste, rien d'autre.

« Alors, qu'est-ce que vous en pensez ? demanda Seamus en débarrassant la table.

— Plutôt antipathique, répondit Gearoid. Sûrement très compétent.

— Exact. C'est un soldat. Prêt à tout pour défendre ce en quoi il croit le plus.

— Il a déjà fait un séjour à Castlereagh… Ils l'ont secoué là-bas, mais il n'a rien dit. Il l'ont relâché au bout de trois jours, son dossier était trop mince. Tiens, à propos de dossier, en voilà un pour vous. Je vous conseille de le lire attentivement. C'est notre *Livre vert.* »

Il tendit un petit livret à chacun.

« Tout ce que vous devez toujours garder en mémoire. Nos buts politiques, militaires, et bien d'autres choses. »

Seamus posa les verres sur le comptoir et bâilla bruyamment en s'étirant.

« Bon, je crois que ça suffit pour aujourd'hui. Je tombe de sommeil. »

Leur petit *Livre vert* en main, Stiofán et Gearoid quittèrent le *Poet's* et s'éloignèrent en silence, essayant de faire le point. Stiofán songea souvent à cette nuit où il avait franchi le seuil d'un nouveau monde. Le lendemain, il écrivit dans son cahier :

« Planète rue, planète ville, planète famille, planète Sinéad, Planète IRA, planète vie, planètes encore inconnues… Autour de chaque homme gravitent des planètes invisibles et mystérieuses toujours plus nombreuses. Il nous faut sans cesse intégrer ces corps nouveaux dans notre propre système d'univers sans que ces étoiles errantes de rêves, de silence et de réel ne se télescopent.

Je dois faire cohabiter toutes ces comètes remplies de poussières de ma vie, leur donner à chacune des formes de réalité quotidienne. Le soir, à la lueur de ma lampe de chevet, je lirai et relirai le *Livre vert* pour que, peu à peu, mon esprit se fonde dans l'idéologie et la logique de cette armée de l'ombre. J'ai réfléchi au concept politique du mouvement exposé par Brendan… Ce sont des idées qui me semblent bien lointaines. Combien de volontaires y pensent en s'engageant ? Pourtant, Tous ces concepts théoriques sont nécessairement subordonnés au but principal, moteur de notre cause, secouer ce joug, lourd de huit-cents ans et chasser les envahisseurs de notre sol qu'ils n'ont jamais compris ni même cherché à aimer. Pour eux, nous sommes, au choix, des esclaves ou des êtres arriérés. »

Il alluma une cigarette, contempla un instant la fumée bleue puis sortit prendre l'air. Il faisait froid. Il pensait à Sinéad qu'il n'avait pas vue depuis trois jours. Il descendit O'Connell street, traversa le pont de leur rencontre et regarda le fleuve.

« Je ne sais même pas si tu penses à moi… »

Il se rendit chez elle. Il sonna et attendit quelques secondes. Des bruits de pas résonnèrent dans l'escalier et sa voix demanda :

« Qui est là ?

— C'est Stiofán. »

La porte s'ouvrit sur son sourire. Elle était pieds nus dans des tennis, elle portait un jean et un T-shirt blanc. Stiofán remarqua la pointe de ses seins dressée à travers la fine étoffe. Stiofán fut surpris de la voir dans une tenue aussi légère, la température de sa mansarde ne devant pas être très élevée. Il la regardait avec une admiration soudaine. Avec ses cheveux en désordre, elle avait l'air d'une sauvageonne. Leurs regards se croisèrent et s'enlacèrent pendant de longues secondes. Malgré le froid du dehors, Stiofán sentait une chaleur l'envahir. Sinéad le remarqua et sourit à nouveau devant ce jeune homme prenant racine devant sa porte.

« Tu entres ? On ne va quand même pas rester ici, en plein courant d'air. »

Ils montèrent et burent du thé noir assis à la petite table près de la fenêtre. Dans la chambre régnait une chaleur sèche soufflée d'un radiateur électrique.

« J'avais besoin de chaleur. J'ai été voir ma voisine pour lui demander si elle ne pouvait pas me le prêter pour quelques heures. Elle, elle a un poêle. Je peux donc le lui emprunter de temps en temps. Pas trop souvent quand même car ça consomme énormément, mais parfois ça me fait du bien. Je me mets en T-shirt pour que la chaleur arrive plus vite sur ma peau.

— Oui, ça doit être agréable. Il fait froid dehors, mais il ne pleut pas...

— Oui, c'est vrai.

— C'est bientôt Noël.

— Oui, déjà... Je... Tu veux encore du thé ? »

Stiofán semblait mal à l'aise et Sinéad s'en était rendu compte dès le début. Leur dialogue sonnait faux, leur discussion maladroite. Quand Sineád avait ouvert la porte, leurs corps s'étaient instantanément envoyés des messages. Non des messages porteurs de mots, mais des messages porteurs de gestes, de peau à caresser, de souffles à mêler. Après un bref instant de silence, elle posa sa tasse, et éteignit la soufflerie du radiateur. Déjà, la chaleur semblait s'évaporer pour laisser la place au froid. Elle s'assit ensuite sur son lit et, les bras tendus vers Stiofán, en signe d'invitation, brisa cette glace, prison de désir. Sans un mot, il la rejoignit. Il était subjugué par ce visage qu'il caressait à présent. Les yeux fermés, elle se laissait bercer par le jeu de ses doigts fiévreux. Leurs lèvres déjà humides s'effleurèrent. Ils déshabillèrent leurs corps et glissèrent sous la couette. Les draps étaient glacés et leur peau brûlante. Leurs souffles, leurs salives et leurs rêves se mélangèrent. Il pénétra dans son univers d'humidité suave en murmurant son prénom. Il sentait ses ongles plantés dans son dos comme des griffes animales. Ils enchevêtrèrent leurs vies, lovés dans leur bulle d'éternité et traversèrent des temples de folies non exprimées de mots avant que leurs corps, vaincus dans cette étreinte de morsures et de cris, ne s'échouent sur un rivage où recommencèrent à résonner aboiements de chiens, claquement de portes et klaxons de gens pressés.

À partir de ce jour, Sinéad et Stiofán se virent le plus souvent possible. Les ombres vagues entraperçues sur un pont de la ville se couvraient peu à peu de tissus et de chair qui apparaissaient au hasard d'un petit malheur, d'un bonheur passé ou d'un secret d'enfance raconté à l'autre. Stiofán avait mentionné sa naissance à Belfast et la mort de son père quand il était enfant, mais n'en avait pas rapporté les circonstances. Sinéad n'avait pas posé de questions se contentant de jouir de ce nouveau frisson porteur de tous les espoirs de la vie.

Les semaines défilaient, la fin de l'année était proche. Stiofán était à présent en mesure de conduire une voiture et s'était acheté un permis provisoire. Gearoid et lui avaient, sur ordre de Seamus, cessé de vendre des journaux. Leurs visages devaient maintenant redevenir tout à fait anonymes.

Seamus avait décidé de les entraîner au maniement d'armes. Tous trois s'étaient plusieurs fois rendus à Patrickswell, une petite ville à quelques kilomètres de Limerick, où Seamus avait repéré des champs suffisamment éloignés des maisons, situés en bordure de bois, qui étaient donc un lieu approprié pour effectuer des exercices de tir clandestin. Patrickswell n'avait pas de Gardá et la plupart des gens n'avait pas le téléphone ce qui leur permettait de s'entraîner sans être dérangés. Ils restaient généralement une heure puis repartaient. Après l'exercice, ils ramassaient soigneusement toutes les douilles et cachaient les armes dans des sacs de jute qu'ils plaçaient au fond d'une caisse avant de les recouvrir de pommes de terre. Ils les nettoyaient au retour chez Seamus.

« Vous n'aurez probablement pas à vous en servir, mais vous saurez au moins ce que c'est que de tenir une arme. »

24 décembre, 31 décembre, réveillons sans faste. Maureen passa Noël avec son fils et le nouvel an, elle fut de permanence à l'hôpital. Ce jour-là, Stiofán resta avec Sinéad. Ils s'enivrèrent de vins bon marché et glissèrent d'une année à l'autre dans une longue étreinte.

XII

Sur les feuilles de ses carnets, Stiofán n'écrivait plus le passé. Il se consacrait désormais au présent et essayait même parfois, de la pointe de son stylo, d'esquisser des croquis de futur. Un soir, il s'était même laissé aller à parler de Sinéad à Seamus.

« J'ai trouvé un amour sur un pont. Une femme de l'espace, tombée du ciel… Je l'ai recueillie. »

À présent, il regardait la vie comme de la pâte à modeler le destin, qu'il faut sans cesse pétrir de ses mains pour lui trouver une forme convenable, en harmonie avec soi. Il feuilletait souvent le *Livre vert* et frémissait à chaque fois qu'il lisait ce qui se passait dans les prisons de Belfast, ou, sans aller jusque derrière les barreaux, dans les postes de police comme Castlereagh. À chaque fois qu'il lisait ce nom, le couplet d'une chanson populaire lui venait à l'esprit :

Sur mon chemin, j'ai rencontré l'assassin,
Il avait le visage de Castlereagh.

À la lecture de ces pages, il découvrit l'horreur de toutes les techniques que des hommes mettent en œuvre pour briser d'autres hommes. Il s'aperçut que Brendan avait raison, il ne fallait rien dire et garder dans chaque cellule de son cerveau le pourquoi de ce combat, savoir où justice et moralité se trouvent.

« Je marche dans les rues et j'observe les visages que je rencontre. Je les oublie en une seconde, ils ne font que passer. Parfois, je fixe un homme en jean ou en chapeau. Alors, des yeux, je le tue. Il disparaît, il n'est plus. Je dois être capable de tuer un homme coupable sans hésiter et sans éprouver de regrets pour cette vie volée… Cette pensée me fait peur et parfois, je reste à me demander si tout cela n'est pas que pure folie, si, en fait, je ne suis pas une victime, une marionnette de théâtre qu'on va manipuler, si la mort et la guerre sont les seules solutions. Je repense alors infailliblement à mes nuits d'angoisse, à ma nuit d'enfant au visage ensanglanté qui ne reverra plus son père. L'histoire de notre pays est une tragédie, une fatalité annoncée et orchestrée qu'il faut avoir le courage de briser si l'on veut que la paix règne à nouveau sur notre île. Après toutes ces années passées à enfouir ces flammes sous un coin de ma peau, je voudrais retourner à Belfast, je voudrais regarder les enfants et voir, si, encore aujourd'hui, ils s'endorment avec des cauchemars surgis de cette lampe que l'on éteint et qui les laisse seuls dans un univers de noirceur, où même les choses les plus familières deviennent soudain inquiétantes et menaçantes. J'interrogerai les passants pour savoir quelle jouissance ils tirent de cette vie qui les oppresse, je leur dirai : "changez le monde" ».

De ces pensées, Sinéad restait absente, il ne voulait pas la mêler à cette vie-là. Il ne s'en sentait ni le droit moral, ni l'envie. Elle ne connaîtrait vraisemblablement jamais Seamus ni le *Poet's*, ni rien ne saurait de son engagement. Toutes ces planètes ne devaient jamais se rencontrer, sinon elles risqueraient de se pulvériser au moindre choc. Sinéad était la bulle qui protège les rêves. À chaque rendez-vous, ils se rencontraient hors du temps, hors de l'espace de la vie, à la recherche d'une île où on accosterait en reconnaissant les mots prononcés par des lèvres inconnues. Des mots qui garderaient toujours le même sens… Amour, aimer, sentiments, passion, je t'aime, ne seraient plus ces coquilles vides qu'on retrouve dans la solitude. Leur esprit devenait marteau, briseur de coquilles de mots.

Stiofán songeait souvent à tout ça.

Comment dire « je t'aime » à une histoire sans vérités absolues ? Comment aimer une femme qui, sans doute, ne comprendra jamais pourquoi je fais ça ? Ce n'étaient pour l'instant que des questions. Les réponses viendraient avec le temps.

Stiofán et Gearoid vivaient avec le temps. Ils attendaient. Chaque fois qu'ils se retrouvaient avec Seamus, ils s'attendaient à ce que celui-ci leur dise :

« Les gars, j'ai du travail pour vous. »

C'est ce qui arriva un soir de janvier. Seamus leur expliqua les détails et leur demanda de se tenir prêts à l'action.

XIII

Gearoid mit le contact et donna quelques coups d'accélérateur pour chauffer le moteur.

« Au quart de tour, fit Seamus. J'en suis étonné moi-même. Il a dû geler à moins trois, cette nuit. Passe-moi le racloir que je donne un petit coup. »

Il se pencha sur le capot et gratta la fine pellicule de glace collée au pare-brise puis monta. Gearoid démarra et la voiture s'engouffra dans le brouillard matinal. Seamus alluma le petit poste de radio qu'il avait emporté pour écouter les informations et ferma les yeux. Ils traversèrent la ville à peine réveillée et prirent la direction de Cork. À la sortie de Limerick, le brouillard s'épaissit et Gearoid se concentra sur sa route, comme si on lui avait mis des œillères ouatées autour des yeux. Le monde s'était soudain réduit à une voiture, cinquante mètres de bitume, et quelques formes floues de paysage, noyées dans cette écume en suspension que la lumière des phares avalait sans savoir si ce couloir blanc prendrait jamais fin. Seamus avait la tête appuyée contre la vitre et ronflait. La journée à venir ne semblait pas le traumatiser outre mesure. Gearoid y avait pensé toutes les nuits depuis une semaine, essayant d'en imaginer le complet déroulement. Gearoid, le soldat de la libération, n'allait pourtant à aucun combat. Il se rendait simplement à une centaine de kilomètres de sa ville pour aller chercher quelques caisses dont il ne verrait jamais le contenu. Un contenu qui pouvait leur rapporter quinze ans ferme s'il était découvert par la Gardá. Il avait passé ses nuits à tenter de réduire à néant la probabilité d'être pris. « Une chance sur mille d'être arrêté », se disait-il. Une chance certes infime, mais existante. Pour se rassurer, il se disait que Seamus n'en était pas à son coup d'essai et qu'il ne lui était jamais rien arrivé.

Au fil des kilomètres et des villages traversés, le brouillard commença à s'effilocher. Gearoid regardait les gens sur les trottoirs en se demandant si, eux aussi, avaient songé à ce que serait leur journée, mais Dieu seul savait où vont les passants traverseurs de rues. La radio se mit à grésiller et Gearoid l'éteignit. À mesure qu'ils approchaient de leur destination, il se demandait pourquoi il se trouvait là, à conduire cette voiture qui n'était même pas la sienne. Il n'avait pas peur, à proprement parler, c'était plutôt le caractère absolument irréversible de son engagement qui le préoccupait depuis qu'il avait prêté serment. Habitant au Sud, il savait qu'on ne ferait appel à lui que pour des missions de ce type, sans danger réel, mais le doute subsistait tout de même. De plus, depuis qu'il fréquentait le *Poet's*, ses relations avec Stiofán n'étaient plus tout à fait les mêmes. Ils avaient perdu la complicité de leur adolescence. Seamus et Stiofán étaient du Nord et avaient une histoire commune qui lui faisait défaut. Bien que passionné d'Irlande, il se sentait parfois étranger à la « Cause ». Il n'avait pas vraiment rejoint la cause par conviction, c'était plutôt la Cause qui l'avait rejoint dans un enchaînement d'événements presque fortuits et il s'était laissé faire. Il avait suivi un ami qui tente d'échapper à son destin ou, au moins, à son malheur. Il l'avait écouté et avait découvert une réalité qu'on ne connaît pas, ou qu'on ne veut pas connaître au Sud. C'était le sentiment de pas abandonner ceux du Nord qui l'envahissait et il se sentait fier de ne pas les oublier, comme les gens au pouvoir aimeraient pouvoir le faire. Seamus se réveilla, secoué par les nids de poule, nombreux sur cette route étroite et sinueuse.

« Où sommes-nous ?

— Nous arrivons à Cork. »

En effet, on pouvait apercevoir la ville en contrebas avec, au loin, avant l'horizon, la mer scintillant sous le pâle soleil d'hiver. Quelques minutes plus tard, ils arrivèrent dans les faubourgs de la ville avec ces vieilles maisons aux façades vétustes et décolorées par le temps, fatiguées d'être là. Ils franchirent le pont et s'arrêtèrent pour prendre quelque chose de chaud. Il était neuf heures et ils n'avaient plus qu'une trentaine de kilomètres à parcourir pour être à destination. Ils entrèrent dans un pub et burent du thé au lait. De retour à la voiture, Seamus s'installa au volant. La route qu'ils suivaient, devint de plus en plus mauvaise. Il avait plu et, par endroits, d'immenses flaques d'eau recouvraient la chaussée. Ils mirent presqu'une heure pour rejoindre Kilstone, village de pêcheurs à l'est de Cork. Ils laissèrent la voiture dans une petite rue du centre et se rendirent à pied jusqu'au port. Une demi-douzaine de bateaux de pêche était amarrée le long du débarcadère. Des marins-pêcheurs, en bottes de caoutchouc, ciré vert, et bonnet de laine au bord roulé jusqu'au-dessus des oreilles, déchargeaient de grands bacs de plastique blanc remplis de saumons frais vidés de leur sang et baignant dans de l'eau salée et de la glace rougies. Dès leur arrivée, les saumons prenaient la route du marché ou étaient acheminés vers les usines de fumage de la région. Pendant que Gearoid observait l'activité du petit port, Seamus cherchait des yeux le Rabharta. Il parcourut tout le quai. En vain. Liam O'Brady n'était pas encore rentré de sa pêche.

* *

Venant d'Amérique, le Santa Monica continua sa route vers le port de Cork sans plus se soucier des trois caisses qui venaient d'être jetées par-dessus bord. À environ un mille de là, Liam n'avait rien manqué du largage. De son bateau de pêche, il avait suivi toute la manœuvre avec ses jumelles. Il donna deux coups de sirène pour signaler qu'il était bien au rendez-vous. Il reposa ses jumelles et mit le cap sur les caisses qui flottaient, ballottées par la houle. Il ralentit le moteur et commença sa manœuvre d'approche. Il savait parfaitement où la légère houle portait les caisses. Pour lui, la mer ne bougeait pas dans tous les sens, de manière imprévisible. C'était le lieu de rencontre magique de la lune, du soleil et du vent et depuis trente ans qu'il pêchait au large de Kilstone, il avait appris à décrypter le langage des vagues. Il savait les courants et les marées. En-dehors des tempêtes où elle se montrait indomptable, la mer pouvait être docile. Ainsi Liam pouvait-il indiquer l'endroit précis où il fallait jeter une caisse pour qu'il la retrouve à proximité de son lieu de pêche, ou, au pire, s'il n'était pas à l'heure au passage d'un cargo, échouée sur l'une des plages sauvages qui bordent le littoral. La première caisse heurta la coque du bateau. Elle ressemblait à ces petits bacs plastique où séjourne le poisson pêché pendant la durée de la sortie en mer, sauf que celle-ci était hermétiquement close. Sur le pont, les trois hommes d'équipage se tenaient prêts.

« Faites descendre le filet », cria Liam.

Le filet fut descendu et, quelques instants plus tard, la première caisse se balança entre ciel et mer. Les deux autres furent récupérées de la même manière. Une fois sur le bateau, elles furent placées dans un des bacs servant à la conservation du poisson en mer.

« Allez, mettez-moi de la glace dessus qu'on ne les voie plus. On ajoutera quelques saumons. »

L'ensemble de l'opération n'avait pris que quelques minutes. Le petit bateau tourna le dos au large et reprit la direction du port. Cela, Liam l'avait déjà fait au moins une dizaine de fois. Tout comme d'ailleurs certains pêcheurs besogneux de la côte ouest ou sud de l'Irlande. Pour entrer en contact avec un équipage, il suffisait d'aller traîner dans les bars des ports et d'écouter les conversations des marins irlandais embarqués sur des cargos traversant l'Atlantique. Les Irlandais d'Amérique étaient encore plus nationalistes que ceux de l'île et n'hésitaient pas à fournir les républicains en armes de tous calibres. Certaines transitaient artisanalement sur un minuscule bateau de pêche qu'on aurait du mal à soupçonner d'un tel trafic. Les pêcheurs, ces inconnus du large des côtes découpées, parce que la tradition républicaine est dans leur famille ou dans leur sang, payaient, à leur façon, leur tribut à la Cause.

Le Rabharta entra dans le port et accosta quelques minutes plus tard. Liam lança la lourde corde et sauta sur le quai. Seamus, qui attendait avec Gearoid, l'enroula autour d'une bitte d'amarrage puis salua Liam.

« Salut, vieux loup de mer. La pêche a été bonne aujourd'hui ?

— Pas mauvaise. J'ai même pensé à vous... », répondit-il en serrant la main de Seamus puis de Gearoid.

Pendant qu'ils discutaient, les hommes d'équipage s'affairaient à décharger les bacs.

« Bon, ne restons pas là. Venez avec moi, je dois aller chercher la camionnette. »

Va-et-vient des chariots-élévateurs, avec une dizaine de caisses empilées, prêtes à s'effondrer, mais manœuvrées avec adresse par les conducteurs, chargement des camions collés au ras des hangars surélevés, l'odeur de la marée, le cri des mouettes, le cri des bateaux en partance, l'odeur de mazout.

Le port était en pleine animation. Les trois hommes se dirigèrent vers l'un des hangars. À l'intérieur, Liam prit une petite clé suspendue au mur, dans un coin sans lumière et ouvrit la porte d'une petite pièce avec seulement une table, deux chaises et une armoire de fer. Liam en sortit une flasque de whiskey et but plusieurs gorgées. Après un bruyant claquement de langue, il reposa la bouteille sur l'une des étagères et se débarrassa de son ciré.

« Il faut que je me change, expliqua-t-il. Je dois aller livrer une usine de fumage. »

Il enfila une chemise et un pantalon propres.

« C'est un petit nouveau ? » demanda-t-il en désignant Gearoid du menton.

Sans même écouter la réponse, il continua de parler comme si la question lui avait servi à meubler un blanc dans sa réflexion.

« Bon. Je vous retrouve d'ici une demi-heure au même endroit que l'an passé. Tu te souviens du petit chemin forestier après Mullmore ?

— Bien sûr. J'y étais même resté embourbé. J'essaierai de faire attention cette fois. »

Ils sortirent. Liam referma la porte et raccrocha la clé avant de monter dans sa fourgonnette. Une heure après, Seamus et Gearoid avaient récupéré les caisses et pouvaient faire route vers Limerick. C'est Seamus qui conduisit au retour. Gearoid fut tendu durant tout le trajet craignant l'impondérable qui mettrait la Gardá sur leur chemin. Il ne fut soulagé qu'une fois les caisses bien cachées parmi les tonneaux de bière chez Seamus.

XIV

Ils s'abandonnèrent dans un gémissement. Leurs corps tressaillirent puis retombèrent après que l'émotion et le plaisir se furent enfuis. Sinéad ferma les yeux et Stiofán bascula sur le côté. Allongés l'un près de l'autre, ils ne se parlaient pas. Leurs membres étaient enveloppés de coton et leur esprit était parfaitement vide, comme nettoyé de toutes impuretés. Ils n'avaient dans la tête que des nuages blancs aux contours vagues. Comme après chaque jouissance, le temps s'était arrêté et ils profitaient de ce moment où plus rien n'existe, un moment où la vie semble faite pour l'homme. Seul un battement de cœur, le corps de l'autre et le vide en soi. Quelques secondes encore... Des bribes de réalité réapparurent peu à peu, le contour des choses devint de plus en plus net et Stiofán aperçut le mot qu'il avait écrit la veille sur le papier peint du mur en face de leur lit : OCÉAN. Au feutre rouge. Il s'assit et contempla l'océan.

Un univers d'amnésie, englouti au pied de falaises abruptes et découpées où bouillonnent de l'écume de douleur et des sirènes de navires qui passent, mais qui sont trop loin de nous. Monde invisible et vierge de mots, oiseaux blancs qui s'envolent et s'éloignent de la terre, mais que le vent ramène près des côtes. Silence absolu posé sur du sable, îles désertes, Verte Erin, dérive des cerveaux et mort d'hommes. Stiofán se leva et prit le feutre sur la table près de la fenêtre. Sinéad se réveilla et le regarda.

« Qu'est-ce que tu fais ? »

Il revint s'asseoir à côté d'elle. Il regarda son visage et ses beaux cheveux noirs éparpillés sur l'oreiller. Elle se blottit contre sa cuisse nue et se laissa pénétrer de sa chaleur. Stiofán observa ses yeux clos et se demanda ce qu'il pouvait y avoir de l'autre côté. Que pouvaient cacher ces paupières closes derrière lesquelles défilent toutes les pensées qui nous transpercent le crâne et qui restent inexprimées. Disparaissent-elles dans quelque gouffre ou errent-elles à la recherche d'une quelconque expression ? Stiofán posa ses lèvres sur ces yeux clos et lui caressa le visage. Il ne lui avait encore jamais dit de mots d'amour. Il continuait son puzzle d'infini et découvrait chaque jour les petites manies qui marquent le caractère de chacun et forment l'intimité d'une personne. Sineád dormait nue, Sinéad portait des sous-vêtements unis noirs ou blancs, Sineád ne parlait pas gaélique, Sinéad faisait du lèche-vitrine, mais laissait son porte-monnaie chez elle, Sinéad s'endormait toujours après une jouissance, Sinéad n'aimait pas qu'on l'embrasse sur le nombril, Sineád aimait dormir blottie contre un corps, Sinéad aimait Stiofán. Stiofán se leva doucement et laissa la joue de Sinéad délicatement glisser sur la couette. Avec le feutre, il écrivit un autre mot sur le mur : SOLEIL. Quand il eut fini d'écrire, il se tourna vers le lit. Sinéad, appuyée sur son coude, le regardait.

« Le prochain mot sera encore un rêve. Un mot que nous n'aurons peut-être pas encore prononcé, mais un mot qui nous rapprochera, un mot que nous aimerons entendre dans nos bouches puisqu'il voudra dire "Nous sommes ensemble, pour l'éternité peut-être…" En lui-même, il répéta "Un mot qui nous rapprochera, un mot qui nous rapprochera… puisque je te quitte et tu ne le sais pas…" »

* *

Maureen vit la lumière filtrer sous la porte de sa chambre. Elle frappa et attendit que Stiofán lui dise d'entrer. La chambre était remplie de fumée. Seule la petite lampe de bureau était allumée. Il était en train d'écrire.

« Bonsoir. Je rentre de l'hôpital. Je ne te dérange pas ?

— Bien sûr que non. »

Stiofán remarqua qu'elle n'avait pas défait son imperméable. Elle s'assit sur une chaise entourée d'ombre, le regard droit, à l'affût du pourquoi de sa présence.

« C'est drôle, aujourd'hui j'ai parlé à un patient qui a sa fille là-bas, je veux dire à Belfast. Elle a été légèrement blessée lors d'une explosion dans le centre-ville. Elle habite Shankill… Elle maudit l'IRA et n'aime pas beaucoup les catholiques. »

Stiofán sortit une cigarette de son paquet et l'alluma.

« Comment sait-elle que c'est l'IRA ? Est-ce que l'explosion a été revendiquée ? »

Les phrases sortaient de sa bouche, portées par un nuage de fumée.

« Non. Elle ne sait pas, elle est sûre… »

Stiofán tapa du plat de la main sur la table. Cette dernière affirmation le révoltait.

« Ce sont des personnes comme elle qui entravent la paix. Tous les maux de l'Irlande du Nord sont à chercher parmi les catholiques de l'IRA, ou même chez les catholiques tout court. Voilà ce que les gens pensent. Qu'est-ce qu'elle fout là-bas cette fille ? N'a-t-elle pas d'yeux pour voir ? Ne se rend-elle pas compte qu'on la manipule ? Ne sait-elle pas que tout ce qu'elle lit dans la presse, c'est uniquement le point de vue de l'occupant ? Ne sait-elle pas que les journaux sont des outils de propagande dont elle est victime ? Ne sait-elle pas que tous les jours, dans leurs quartiers misérables, encadrés par la police et l'armée, des gens souffrent, sont arrêtés, emprisonnés, humiliés ? Ça me met hors de moi. »

Maureen s'était légèrement penchée et un rai de lumière éclairait son visage. Il était pâle et amaigri. Une nouvelle fois, elle était venue lui parler de Belfast. Stiofán aurait voulu la serrer dans ses bras et la réconforter, mais il savait que cela ne serait qu'encourager un apitoiement sur soi-même. Un peu comme un enfant qui tombe sans se faire mal et qui pleure, juste pour voir. Il aurait voulu lui dire aussi où il partirait dans quelques jours, mais il ne pouvait pas. Depuis qu'il était devenu un peu plus indépendant et qu'il était en mesure de veiller sur lui même, Maureen avait perdu le but de sa vie. Elle n'était plus celle qui savait, celle qui dirigeait. La terre sèche de ses blessures, craquelée au feu du malheur, s'affaissait sous des pluies torrentielles, trop longtemps retenues, qui, à présent, la submergeaient.

« Tu m'as dis que tu allais t'absenter plusieurs jours… »

Elle s'était de nouveau assise en arrière, de sorte que ses mots retentirent comme une voix off.

« Je pars après demain pour trois jours, peut-être quatre. »

Elle attendit pour voir s'il en dirait plus, mais comme un silence s'installait, elle n'insista pas et lui souhaita bonne nuit. Stiofán se leva et alluma la lumière. Sa mère se tenait debout près de la chaise, le visage fermé. Il lui serra les bras dans ses mains et lui dit d'une voix à la fois ferme et compréhensive :

« Maman, tu t'enfonces et tu le sais. Tout ce que tu racontes, ça parle de Belfast, et tout ce qui parle de Belfast, parle de toi et de ton passé. Maman, n'arrête pas le combat. Il faut continuer à te battre, à survivre, sinon ils auront gagné. Ils ne le sauront jamais, mais nous, nous le saurons. Il ne faut pas que ça arrive. Tu comprends ? »

Maureen comprenait, mais elle n'avait plus la force. Des larmes roulèrent sur ses joues.

« Tu es une femme forte. Tu l'as prouvé. C'est pourquoi il ne faut pas abandonner, jamais. Pour toi, pour moi, pour nous et ceux qui sont comme nous. »

Emporté par ses mots, il ne s'était pas rendu compte à quel point il lui avait serré les bras. Il relâcha son étreinte et la prit sur son cœur. Elle pleura, d'abord en silence, puis se laissa aller. De lourds sanglots imprégnèrent sa chemise et lui mouillèrent la peau. Quand elle fut calmée, elle lui dit qu'elle était soulagée et qu'elle allait pouvoir se reposer. Quand elle fut sortie, Stiofán alluma une nouvelle cigarette et continua d'écrire :

« Dans le monde, les gens ne connaissent l'Ulster que par le biais de l'IRA. Abattez-les et tous les problèmes seront résolus... Les rouages de la propagande sont bien huilés, l'IRA fait toujours les gros titres. Quant aux groupes paramilitaires protestants de l'UVF, UFF, UDA, UDR etc. à la haine du catholique tenace, ils ne font l'objet que d'entrefilets, si tant est qu'on les mentionne. Même l'église unioniste prêche la violence et l'extermination. Quelles fêtes que ces 12 juillet, anniversaire d'une victoire protestante sur les catholiques à la bataille de la Boyne en 1690, où des orangistes avinés sont comme des chiens prêts à mordre. Quelle démonstration de force. L'Ulster est une île sur l'île où la démocratie britannique tourne à la mascarade. Une peinture expressionniste de la Nouvelle Objectivité.

Demain, je partirai à Belfast. J'y retourne pour la première fois depuis toutes ces années, à la recherche de mots nouveaux qui se déposeront sur ceux qui jaunissent depuis si longtemps dans mon âme. »

Le lendemain il passa toute la journée avec Sineád. Ils déambulèrent dans les rues, main dans la main, comme deux adolescents ivres du bonheur d'être aimés, burent un Irish coffee assis à la table d'un pub d'où ils pouvaient voir le pont qui les avait reliés, il lui parla d'un bar où il aimait aller et où on pouvait admirer une galerie de portraits représentant les grands penseurs d'Irlande, elle lui dit « Écrivons ensemble un mot qui sera le nôtre », ils pensèrent « Amour » et écrivirent « Amour ». Ils s'aimèrent dans l'obscurité naissante, jusqu'à avoir mal et, de leur lit, regardèrent un rayon de lune posé sur la table qui éclairait leur mot. Le lendemain matin, ils prirent le café dans le froid de la chambre, puis elle s'en alla au magasin. Avant qu'elle disparaisse et que son pas s'évanouisse dans l'escalier, elle l'embrassa et lui dit « Je t'aime » en souriant. Il ne lui dit pas qu'il allait partir et qu'elle ne le reverrait peut-être jamais. Il chercha des feuilles dans un tiroir et écrivit :

« Ces mots que j'écris dans ton univers, tu ne les liras jamais, mon amour. Tu viens de partir, le cœur léger, en te disant "J'ai enfin une histoire". Tu penses que, ce soir ou demain, nous nous verrons, nous dormirons dans le même lit et que nous découvrirons les faces cachées de l'amour. Tu as raison, tu as une histoire, nous avons une histoire que nous voulons éternelle… Nous la vivrons, mais nous serons séparés, nos corps ne s'épouseront plus. Nous nous aimerons dans le silence de l'autre et cet amour sera condamné à être éternel. Qui sait, peut-être est-ce ça l'amour vrai… Ou bien je te reviendrai parce que j'aurai chassé tous mes démons et que je pourrai alors te consacrer ma vie. Je ne t'ai pas encore dit "Je t'aime", mais je te l'écrirai. »

TROISIÈME PARTIE

Quo vadis Hibernia ?

I

Pour passer des armes au Nord, Seamus avait mis au point un stratagème efficace qui réduisait à presque zéro le risque de se faire prendre, voire de se faire contrôler. Plutôt que d'envoyer un homme au volant d'une voiture volée, mieux valait présenter une image respectable et insoupçonnable, l'image d'une famille, par exemple. Une « famille », surtout avec un enfant en bas âge, semble moins suspecte et au poste frontière, on n'envisage guère de procéder à une fouille minutieuse du véhicule, qui peut prendre plusieurs heures, quand on entend les cris d'un nourrisson affamé. C'est pour cette raison que Seamus avait contacté Lavinia, une jeune femme de vingt-deux ans, membre de Cumann na mBan, la branche féminine de l'IRA, dont la famille avait une grande tradition républicaine. Son mari, chauffeur des cars bondés de Bus Eireann, n'ayant pu se libérer, Seamus avait fait appel à Stiofán pour le remplacer. Un couple, même très jeune et avec un bébé, n'avait rien d'inhabituel dans cette Irlande très catholique. Pour compléter le tableau familial, Lavinia était venue avec sa mère, Orlagh, et son petit frère, Eion, de douze ans son cadet. Seamus avait eu l'idée de réunir Stiofán et Lavinia car ils portaient le même nom : Murphy. Nul besoin donc de faire des faux papiers.

Tout était déjà en règle. Lavinia déposa le couffin de son bébé, Sheila, une petite fille de neuf mois, sur la banquette arrière de la vieille Ford. La petite ne disait rien. Elle dormait paisiblement dans son panier au fond duquel reposaient sept Mauser, soigneusement cachés dans de la ouate et enveloppés d'une petite couverture. Le tout était protégé par le matelas de mousse recouvert de tissu à carreaux bleus et blancs sur lequel reposait l'enfant.

« Je crois que tout est prêt, fit Seamus. J'espère que vous n'aurez pas de problème en route. »

Orlagh monta à l'arrière avec Eion tandis que Lavinia s'installait à l'avant côté passager. Stiofán serra la main de Seamus. Avait-il deviné qu'il ne reviendrait pas ? De toute façon, il le saurait bientôt. Ce matin-là, avant d'aller au *Poet's*, Stiofán avait dit au revoir à sa mère. Maureen n'avait rien dit mais savait que son absence durerait plus de trois ou quatre jours comme il le lui avait dit. Elle l'avait regardé partir par la fenêtre du salon. Avant de monter, il demanda discrètement à Seamus si c'était prudent d'emmener Eoin. Seamus lui dit de ne pas s'inquiéter, que le petit garçon savait se tenir. Stiofán ne fut qu'à moitié rassuré.

« Allez, sois prudent au volant, Slán ! »

Stiofán claqua la portière et démarra. Il pensait à Sinéad, son amour qu'il laissait. Dans la poche intérieure de son blouson, il avait un billet pour elle qu'il jetterait dans la dernière boîte avant de quitter la ville. Il se répéterait encore souvent ce qu'il lui avait écrit : « Amour, notre mot. Je t'aime. Stiofán. »

Il arrêta la voiture, donna un baiser à la lettre, puis la posta en murmurant : « Je n'ai pas le choix. »

Sur la route, il pensa aussi à la mission qu'on lui avait confiée. Le chargement ramené de Kilstone contenait des armes et des munitions. Stiofán et sa famille avaient été chargés d'en transporter une partie à Belfast. Outre les pistolets, ils emportaient avec eux plusieurs boîtes de balles au tungstène capables de percer le blindage des véhicules militaires qui patrouillent dans Belfast, et deux

Armalites en pièces détachées qu'ils avaient dissimulés dans le double fond du coffre. Lavinia n'avait pas encore beaucoup parlé, sauf à sa mère qui surveillait le bébé. Stiofán engagea la conversation.

« Qu'est-ce que tu fais quand tu ne transportes pas d'armes ? »

Elle se tourna vers lui en souriant.

« Je m'occupe de ma petite fille. Je passe le plus clair de mes journées à la maison entre les couches, les biberons, les rires et les pleurs de mon bébé. J'ai la chance qu'elle puisse grandir loin de la guerre. »

Lavinia avait gardé son accent du nord, comme la plupart des « immigrés » de l'Ulster venus s'installer sur les rives du Shannon.

« Depuis quand êtes-vous à Limerick ?

— On a quitté Belfast il y a un an. Nous étions quelques familles catholiques à vivre à Rathcoole. Au fur et à mesure de la violence, toutes sont parties. Nous étions les seuls à rester... Mon mari et moi habitions chez mes parents. On avait été plusieurs fois menacés. Il y avait même des gens qui crachaient par terre quand ils nous croisaient. Ils nous traitaient de "sales Fenians". Puis un soir, une pierre a été jetée par la fenêtre de notre salon. Un message était attaché. Il était signé UVF et disait qu'ils brûleraient notre maison si nous n'étions pas partis dans la semaine. Là, nous avons pris peur. Nous savions qu'ils le feraient. Nous avons pensé chercher autre chose à Belfast, mais finalement, nous avons préféré partir. J'étais enceinte de Sheila et nous ne voulions pas de cette vie pour elle. »

Elle marqua une pause et continua.

« Mais, quand nous sommes arrivés dans le Sud, nous avons eu l'impression de déserter, de laisser derrière nous des gens qui souffrent, de trahir cette solidarité qui nous unissait. C'est à ce moment-là que nous avons décidé d'aider les Provos de l'IRA. Nous en connaissions quelques-uns à Belfast, mais nous ne voulions pas nous mêler de tout ça. À Limerick, notre aide consiste seulement à cacher ou à passer des armes. C'est mieux que rien. Tu sais, nous ne sommes pas des justiciers, nous cherchons seulement la justice et la paix. Nous espérons, qu'un jour, le dialogue pacifique remplacera cette communication par violence et injustice interposées.

Malheureusement, c'est pour l'instant, le seul moyen que nous ayons pour nous faire entendre.

— Je sais. Je ne sais pas si ça changera de sitôt.

— Et les parents de ton mari ?

— Eux habitent depuis des années en Angleterre. »

Orlagh, qui n'avait rien dit pendant leur conversation, occupée à faire son tricot, leva la tête de son ouvrage.

« Et je me demande comment ils peuvent y habiter.

— Maman, tous les Anglais ne sont pas mauvais. Tu exagères.

— Ma fille, ils habitent en Angleterre, obéissent à la couronne et votent pour des hommes qui nous méprisent et nous maltraitent. C'est déjà assez grave comme ça. »

Lavinia soupira tandis que sa mère reprenait son ouvrage. Stiofán la regarda dans le rétroviseur. Elle avait été chassée de chez elle et en gardait une rancœur vivace. Sûr qu'elle n'adressait pas la parole aux beaux-parents de sa fille. À côté d'elle, Eoin était occupé à faire un dessin. Avec son index, il avait tracé un rond sur la vitre embuée. Il dessina ensuite deux yeux ronds, un nez et une bouche. Il y colla ensuite son visage et resta un instant comme ça, à regarder dehors en faisant des battements de cils. Il posa les mains de chaque côté de son dessin et se mit à tirer la langue. Il fut surpris du contact froid de la vitre et se rassit, le dos à la banquette. La chaleur dégagée par sa peau avait fait disparaître une bonne partie du dessin. D'un coup de main, il effaça le visage et la buée se transforma en quelques gouttelettes qui se mirent à couler le long du carreau.

« Regarde maman, on dirait des larmes.

— Tiens-toi un peu tranquille, tu veux. Sinon les larmes, tu vas les avoir le long de tes joues, répondit Orlagh sans détourner les yeux de son travail. »

Eoin se mit alors à fixer le bébé qui commençait à bouger.

À son tour, Stiofán raconta son histoire, d'une voix calme, regardant droit devant lui. Quand il eut fini, plus personne ne parla pendant plusieurs minutes, comme s'il n'y avait plus rien à ajouter, seulement le silence pour honorer les mémoires. Stiofán pensa qu'il venait de raconter sa vie à des gens qui, ce matin encore, lui étaient parfaitement inconnus, alors qu'il n'en avait jamais parlé à Sinéad. Mais, ces gens, étaient-ils des inconnus ? Leur enveloppe de corps, sans nul doute, l'était, mais la douleur intérieure, certainement pas. Les pleurs du bébé vinrent interrompre ses songes. Lavinia aperçut un panneau qui affichait « Dublin 5 miles ».

« La petite est réveillée à présent. Il va falloir s'arrêter pour la changer et lui donner un biberon. »

Stiofán acquiesça. Un peu avant Dublin, ils firent halte dans un snack-bar au bord de la route. Lavinia disparut dans les toilettes pour s'occuper de sa fille. À son retour, ils burent du thé et mangèrent des sandwichs puis firent quelques pas sur le parking. Le vent s'était levé et il commençait à tomber une fine bruine. Stiofán fuma une cigarette, la première depuis leur départ. La fumée qu'il recrachait, se mélangeait à la vapeur de son souffle. Il pensait au prochain stop qu'il ferait. Si tout allait bien, ce serait en Irlande du Nord, quelque part après le poste frontière. Orlagh et Lavinia remontèrent en voiture. De son côté, Eion courait autour d'un cercle imaginaire. Au bout d'un moment, il s'arrêta et s'approcha de Stiofán. Il le regardait sans rien dire.

« Alors Eoin, pas trop fatigué ?

— Ça va. Je peux te poser une question ?

— Bien sûr.

— Pourquoi tu regardes toujours dans le rétroviseur pour voir ce que je fais ? »

Stiofán tira une bouffée de sa cigarette. Il ne savait jamais trop quoi répondre aux enfants qui posaient des questions. Ils étaient toujours plus intelligents qu'on ne le pensait et posaient souvent des questions d'un bon sens désarmant. Il lui donna une explication.

« Tu sais, quand on conduit, il faut savoir ce qui se passe derrière soi. Alors, quand je regarde dans le rétroviseur, eh bien je vois aussi ce que tu fais en même temps… Voilà. »

Le petit garçon ne bougea pas.

« Je suis sûr que tu as peur… »

Stiofán retira le mégot de sa bouche.

« Peur ? De quoi ?

— Tu as peur que je fasse une bêtise à la frontière et qu'on se fasse arrêter. Tu sais, je sais tenir ma langue. Tu n'as rien à craindre. Je ferai semblant de dormir, ou peut-être même je dormirai vraiment. »

Stiofán jeta son mégot et s'accroupit pour regarder Eoin dans les yeux.

« Je crois que tu as raison. Je suis un peu méfiant. En fait, j'ai surtout peur de moi et, réflexion faite, je suis sûr que je peux compter sur toi.

— Je crois que je peux compter sur toi aussi, répliqua le petit garçon, content qu'on lui parle franchement. Tope-là. À la vie, à la mort. »

Ils se tapèrent dans les mains et Eoin partit en courant jusqu'à la voiture. Stiofán regagna aussi le véhicule.

« Si un enfant remarque que je suis nerveux, tout le monde doit pouvoir s'en rendre compte. Je ferais bien de me calmer et de penser à autre chose. »

Il aurait aimé sortir son carnet – il avait pris avec lui le dernier qu'il avait entamé et avait laissé les autres dans le tiroir de son bureau – pour écrire quelques lignes, mais là, il n'avait vraiment pas le temps. Toute la petite famille devait reprendre la route en direction de Newry.

II

« Le voilà donc ce petit d'homme… C'est drôle, ce n'est pas comme ça que j'imaginais la vie. Tu sais, Mary, quand j'étais enfant, je l'imaginais comme ces grands films d'aventures où tout finit bien quoi qu'il arrive. Je ne savais pas que la vie était une longue souffrance, un chemin de maux avec des fractions de bonheur intense qu'il faut reconnaître avant qu'elles ne s'envolent sans espoir de les retrouver un jour. À l'époque, je ne connaissais pas le terme d'insouciance parce que c'était ce que je vivais tous les jours. Pour moi, le monde s'arrêtait aux limites de mon village. J'étais plein de rêves, mais je croyais que toute ma vie, je la passerais dans mon village au bord de la mer. Ça devait être ça, la vie. Un endroit pour vivre avec la mer et ses écumes de rêves au bout d'une rue. Mes parents m'ont donné une éducation stricte et religieuse. Tous les jours, je lisais la bible. Le curé du village nous répétait que, si nous suivions les principes du saint ouvrage, nous serions heureux. Je le croyais et c'était beau. Puis un jour, j'ai quitté le village pour aller dans un séminaire près de Belfast. Philosophie, théologie, études, prières, ordination… Après, J'ai été envoyé au cœur de la communauté catholique de Belfast-ouest. J'assistais le vieil abbé Martin de Saint Joseph. Quand il est mort, on m'a laissé dans cette paroisse pour que j'y continue, seul, le travail que nous avions commencé. Quelques semaines là-bas m'avaient éclairé sur la réalité de la vie. Je passais mes journées auprès de ceux qui souffraient. Je faisais le catéchisme dans les écoles du quartier, j'organisais des clubs pour les jeunes. Je leur apprenais le sens des mots, solidarité, charité, amour de son prochain qu'importe la religion… Malgré le sentiment d'injustice ambiant, ils essayaient tous, au moins à un moment, d'y croire. Nous ouvrions la porte de l'église à ceux dont la maison avait été incendiée. Ils disaient :

« Frère Ciaran, vous faites tant pour nous, merci. »

Je faisais mon travail de prêtre, rien de plus. Et je continue d'ailleurs aujourd'hui.

Mary avait écouté son long monologue sans l'interrompre.

« Pourquoi diable me parles-tu de tout ça ?

— Figure-toi qu'aujourd'hui, je vais revoir l'un des enfants que j'ai connus il y a une dizaine d'années, au commencement des troubles. Il sera à Belfast dans quelques heures avec sa famille.

— Et il vient te voir ?

— Tout juste. Je ne sais pas, du reste, s'il sait qu'il aura affaire à moi. La joie de se revoir n'en sera que plus grande. »

Ciaran caressa un instant l'arrondi à peine perceptible du ventre de Mary.

« Toi qui ne sais encore rien de l'air que tu respireras, j'espère être près de toi quand, dans un cri, tu arriveras dans ce monde de douleurs. »

Il embrassa le ventre de la jeune femme.

« C'est dommage que tu ne naisses pas ici. Ta maman va t'emmener en Amérique, dans son pays. C'est sans doute mieux ainsi. Là-bas, on ne te posera pas de questions. Comment expliquer qu'un jour, un prêtre a voulu avoir un enfant ?

— Promets-nous que tu nous rejoindras le plus vite possible.

— Je voudrais te le jurer, mais il y a ici encore tant de gens qui ont besoin de moi.

— Nous aussi, nous avons besoin de toi.

— Je sais, je prierai pour vous.

— Je ne suis pas sûre que cela nous aidera vraiment.

— Et pourquoi. Tu sais, Dieu est bon et juste. J'aide mes prochains sans distinction. Je ne vis que pour eux. Il y a vingt ans, je voulais consacrer ma vie au Seigneur. Aujourd'hui, je la consacre aux hommes, à ses propres enfants. Il le voit et il nous aidera, j'en suis sûr. J'ai l'âme d'un prêtre et le cœur d'un homme. J'aime une femme. Est-ce pécher ? Je l'aime au point de lui avoir fait un enfant. Et bien oui, je plaiderai coupable, mais pas sur cette terre. Allons, je dois m'en aller. Je viendrai demain vous conduire à l'aéroport. Je vous aime. »

III

Un vide étrange et menaçant emplissait peu à peu le paysage. La route devenait de plus en plus étroite et semblait attirer la voiture vers un point précis sans qu'il soit possible de faire marche arrière. De part et d'autre, les champs étaient vastes, l'herbe bien verte, le vent courait dans la lande et disparaissait dans les bois, en haut de la colline. Machinalement et un peu sous l'emprise de ce paysage aux étranges pouvoirs, Stiofán ralentit. Lavinia parla la première.

« En voilà un », dit-elle.

Elle venait d'apercevoir un soldat qui patrouillait à la lisière du champ. Il marchait suffisamment en retrait pour s'harmoniser au paysage verdoyant que les premiers nuages de la nuit commençaient à obscurcir. À présent la route était bordée de grillage, comme si l'on entrait dans une cage dont la lourde porte allait se refermer pour ne plus jamais laisser sortir ceux qui, par malheur, s'y étaient aventurés. Le check-point ne devait plus être loin. Tous les cinquante mètres, une série de trois ralentisseurs secouaient l'auto. Stiofán jeta un coup d'œil dans le rétroviseur. Eoin avait la tête contre la vitre et regardait dehors sans rien dire, tandis qu'Orlagh, imperturbable, continuait son tricot. Stiofán aurait bien aimé s'allumer une cigarette, ça lui aurait donné une contenance. Pour le moment, il avait l'impression que la voiture était transparente, que même ses pensées étaient à nu. Lavinia sortit une bouteille d'eau et but une longue gorgée. Elle demanda à Stiofán s'il en voulait. Il fit signe que oui et but à son tour. Le check-point n'était pas encore en vue, mais on pouvait voir de plus en plus de soldats. Stiofán roulait en première. Il y avait plusieurs véhicules devant et derrière lui.

Enfin, à la sortie d'un virage, ils aperçurent le poste de contrôle. Une fourgonnette blindée stationnait au milieu de la route. Des tireurs embusqués étaient cachés derrière les arbres ou les réverbères. Lavinia observa une fois de plus ces jeunes soldats qui s'amusaient à suivre, à la lunette de leur fusil, les conducteurs des voitures qui passaient.

« Ils les envoient ici de plus en plus jeune, murmura-t-elle à l'adresse de Stiofán. Je suis sûre que la plupart ne savent pas ce qu'ils font là. »

Stiofán avait entendu le commentaire mais ne répondit pas.

« Ça va bientôt être à nous », dit-il.

Orlagh posa son tricot sur la plage arrière et sortit le bébé de son panier pour le prendre dans ses bras. La petite continua de dormir.

« Si jamais ils nous arrêtent, je lui piquerai les fesses avec mon aiguille. Elle se mettra à hurler et ça leur fera accélérer le mouvement. »

Lavinia se retourna vers elle.

« Tu n'aurais pas une autre méthode ? C'est ma fille, je te signale.

— Je plaisantais », répondit la mère en gardant son aiguille à portée.

Eoin avait toujours la tête contre la vitre et regardait les yeux grands ouverts. Ils avançaient lentement. Une voiture les séparait du check-point. Deux soldats en équipement lourd et deux policiers de la RUC, dans leur uniforme vert bouteille, le haut du corps protégé par un gilet pare-balles, effectuaient les contrôles. À une dizaine de mètres plus loin, deux soldats, en position couchée, derrière des sacs de sable, étaient prêts à actionner la mitrailleuse lourde montée sur trépied, à la moindre alerte. La voiture devant eux s'arrêta et l'un des policiers, mitraillette au poing lui fit signe de se ranger pour un contrôle. Stiofán ne dit rien. Lavinia se passa la main dans les cheveux. L'air de la voiture était soudain devenu plus pesant. Tout le monde retenait son souffle et semblait sur le point d'étouffer. La voiture arriva à hauteur du policier et tous se composèrent un visage fatigué mais décontracté. Stiofán baissa la vitre. Ses mains étaient moites. Le policier, engoncé dans son uniforme, arme en bandoulière se pencha et salua brièvement. Un autre policier le couvrait. Légèrement en retrait, il avait son arme braquée dans leur direction.

« Bonsoir. Vos papiers et ceux du véhicule, s'il vous plaît. »

Stiofán les lui tendit. Le policier jeta un coup d'œil à l'intérieur de la voiture et fixa, l'espace d'une seconde, ce beau panier vide, depuis que Sheila se trouvait dans les bras d'Orlagh. Il commença à poser les questions de routine.

« Vous venez de loin ?

— De Dublin.

— Et vous allez ?

— À Bangor, chez mes beaux-parents. »

Le policier écoutait d'une oreille distraite. Il inspectait les papiers et les visages.

« Murphy », murmura-t-il.

Il parut satisfait et redonna les papiers à Stiofán.

« C'est bon, vous pouvez passer. Bonne route. »

Stiofán fit signe au policier et accéléra doucement. Il laissa la vitre baissée pour renouveler l'air si oppressant qui avait envahi chaque millimètre cube de la voiture. Personne n'osait encore parler, mais tout le monde se remettait à respirer normalement. Ils continuèrent leur route jusqu'à Newry. Chaque carrefour, chaque rond-point de la ville était contrôlé par la police et l'armée.

Newry semblait assiégée, en guerre ou en rébellion. Les véhicules étaient susceptibles d'être arrêtés à tout moment. Eion regardait, fasciné par cette démonstration de force infligée à toute une population. Orlagh avait le visage serré.

« Quand je pense aux milliards engloutis chaque année pour entretenir cette armée de gosses et leur équipement, c'est à vomir. »

Sur ses genoux, Sheila respira plus fort et se réveilla en poussant de petits cris aigus et saccadés.

IV

Sinéad pensa qu'il l'avait abandonnée et qu'une fois de plus, elle s'était laissée prendre au piège machiavélique des hommes. Quand elle trouva la lettre par terre dans l'entrée, elle sut que c'était lui. Elle ne recevait jamais de lettre. Son cœur se mit à battre très vite.

« Amour, notre mot. Je t'aime. Stiofán. » Elle pleura.

Maintenant, elle savait qu'il était parti. Elle pleurait son absence.

« Je t'attendrai... car RETOUR est inscrit dans tes mots. Notre histoire est quelque part dans un jardin suspendu... »

V

Depuis trois ans, Eamonn conduisait un taxi Vauxhall noir comme ceux qui circulent dans les rues de Londres. Il roulait avec son black cab dans les rues de Belfast-ouest et attendait ses clients à la station black près de la gare routière, tout en bas de Falls Road. Il ne pouvait pas aller plus loin en direction du centre-ville, ça lui était interdit. De même, les autres taxis ne s'aventuraient jamais dans la partie ouest de la ville. La peur de l'agression, de l'attentat. Eamonn était une sorte de passeur entre deux mondes, entre le monde surveillé et le monde civilisé qui commence après le checkpoint au pied de Divis Flats, ce building de fer, de béton et de feu, dont le dernier étage est réservé à la police et à l'armée. Un mirador géant d'où on peut embrasser un morceau de ville, avec ses rues, ses gens qui passent, ses gens qui vivent, ses gens qui survivent, sous le regard d'appareils électroniques de surveillance et d'armes secrètes, prêtes à s'emballer au moindre signe suspect.

* *

« Allez, dépêche-toi, on démarre.
— On est parti. »
La moto s'élança en pétaradant, laissant derrière elle un nuage de fumée.

* *

Tous les matins, avant de commencer sa journée, Eamonn accompagnait son fils Conor, six ans, jusqu'à l'école. Quand il quittait la maison, Conor s'amusait à marcher à reculons à côté de son père et faisait signe à sa mère qui les regardait partir. Sur le chemin, Conor demandait la signification des différents panneaux. Eamonn lui lisait les mots et les expliquait tandis que le petit garçon notait les couleurs dans sa tête. Ils changeaient parfois d'itinéraire pour élargir le champ de leur connaissance de la rue, mais allaient toujours traverser à l'intersection entre Springfield Road et Divismore Road, juste en face de l'arrêt d'autobus.

* *

La circulation devenait plus dense à l'approche du centre-ville. La moto filait à travers les rues en longeant les trottoirs à deux bandes jaunes.

* *

Ce matin, le froid était vif. Dans la nuit, la température était tombée au-dessous de zéro et une fine pellicule de givre recouvrait l'écorce noircie d'humidité des arbres. En ce début de février, premiers jours du printemps irlandais, les rues, les trottoirs et les arbres squelettiques sortaient toujours un peu plus tôt de l'ombre. Il n'y avait pas encore de couleurs à cette heure, seulement de la clarté sous un ciel délavé. Ces matins étaient un peu comme la vie d'Eamonn, quelques touches de lumière blanche dans un univers gris quotidien. Pourtant, Eamonn se savait privilégié car il avait un travail régulier. Certes, il ne gagnait pas beaucoup, mais il arrivait parfois à oublier la vie qui passe sur l'asphalte des rues. Sa femme restait à la maison et y tenait une petite épicerie. Elle faisait ce petit commerce dans la maison ; les boutiques habituelles étaient devenues de trop belles cibles, alors il avait fallu s'organiser. Tout un commerce s'était créé chez l'habitant. Un œil inconnu ne pouvait rien discerner, il ne voyait que des maisons accrochées les unes aux autres. Seuls les gens du quartier savaient où aller pour acheter le lait, le thé, pour faire réparer sa voiture, etc. Solidarité n'était pas un vain mot.

* *

Lancée à pleine vitesse, la moto remontait maintenant Springfield, ligne de fracture entre deux mondes. Les deux hommes longèrent l'étang de Mill, et s'arrêtèrent un peu avant Divismore Road.

* *

Eamonn et Conor tournèrent à gauche, en direction de Springfield. Comme tous les jours, Conor courut jusqu'au croisement et attendit au bord du trottoir. Il regarda les voitures qui filaient sur la grand-route et jeta un coup d'œil de l'autre côté de la rue pour voir si ses copains étaient déjà arrivés.

* *

« C'est à nous. On démarre. Roule pas trop vite. »
Le pilote tourna la clé et s'inséra dans la circulation.

* *

Eamonn avait rejoint son fils. Il le prit par la main et attendit le moment où ils pourraient traverser.

« Alors, Conor, qu'est-ce qu'on doit faire maintenant ? »

Le petit garçon attendait la question. Il y répondit promptement.

« On doit toujours bien regarder. D'abord à droite puis à gauche. Et quand toutes les voitures sont arrêtées au feu rouge, on peut y aller. Il faut toujours faire attention aux voitures et aussi aux motos. Tiens, regarde ! » Et il pointa son doigt en direction de la moto qui arrivait.

« C'est très bien. Alors, qu'est-ce qu'on fait ?

— On attend. »

Le père approuva. Les voitures filaient dans les deux sens. Eamonn aperçut à son tour la moto. Elle roulait tout à fait à gauche de la chaussée, à une allure qui lui parut anormalement faible pour un tel engin. Le pilote se retourna plusieurs fois vers son passager. La moto n'était plus qu'à quelques mètres. De l'autre côté de la rue, Conor vit un de ses amis et lui fit signe de la main. Eamonn fut soudain pris d'un doute. Une peur stupide l'envahit. Il n'arrivait pas à détacher ses yeux de cette moto. Il serra plus fort la main de son fils et commença à reculer dans Divismore Road. La rue était déserte, seuls quelques corbeaux égarés, en quête de nourriture, s'acharnaient sur des détritus tombés des poubelles.

« Papa, pourquoi on retourne déjà à la maison ? »

Eamonn vit le passager de la machine plonger la main dans son blouson. Il frémit et hurla à son fils de courir sans s'arrêter jusqu' à la maison. Il lui donna une tape sur les fesses. Conor ne comprit pas, mais se mit à courir, les deux mains agrippées aux bretelles de son sac à dos. La moto tourna dans la rue. Dans la main gauche du passager était apparu une arme à feu. Eamonn ramassa des pierres et les jeta en direction des deux hommes. Dérisoire. Deux coups de feu claquèrent, le terrassant net. Conor stoppa sa course, se retourna puis se remit à courir, les mains sur ses oreilles. Il entendit un troisième coup de feu. Il se retourna encore une fois et vit un homme qui remontait sur la moto qui disparut dans la circulation de la grand-route. Son père gisait, sans vie, au milieu de la rue, la tête ensanglantée reposant sur les bandes en trois couleurs le long du trottoir. Conor continua sa course jusqu'à sa maison, les deux mains plaqués sur ses oreilles. Il passa devant cette peinture murale qu'il avait si souvent vue avec son père, qui avait pour légende : « Join the IRA ».

La vie continue, la mort aussi.

VI

BELFAST. Sur les images de rues, de morceaux d'asphalte luisant de pluie et de landrovers grises au pare-brise grillagé, Stiofán passait et repassait la bande perforée d'un vieux film dont il avait été autrefois l'acteur. Pour la première fois depuis des années, il poussait de nouveau la porte du studio. Le décor n'avait pas changé. Quelques retouches çà et là, quelques accessoires supplémentaires qu'on apporte entre deux prises de vue. ULSTER. LUSTRE. L'ordre règne… Brillant… Lustre illusoire où se reflètent les yeux tragiques des acteurs, figurants, maquilleurs, techniciens et truqueurs de ce drame concerté. Moment d'émotion intense d'un être humain à l'instant de se glisser à nouveau sous cette lamelle transparente, scrutée à travers les lentilles de binoculaires, déshabilleurs d'âmes et de dignité.

Ils franchirent le check-point de Lower Falls Road où une jeune femme en uniforme vert et gilet pare-balles leur demanda leurs papiers. Ils s'enfoncèrent dans les eaux sombres du ghetto. Ces rues de l'enfance lui éclataient en plein corps et remettaient à vif des blessures de sang. Autant d'écorces de rêves d'enfant qui réapparaissaient craquelées et purulentes à la surface de sa peau.

Les rues avaient gardé leur grisaille humide. Au hasard des rues, il retrouvait les drapeaux aux trois couleurs de l'Eire, accrochés au haut des réverbères, ridés par le temps, détrempés, collés aux pylônes, comme la souffrance finit par s'accrocher aux vêtements et à la peau. Ils ne claquaient plus au vent, comme des oiseaux essorés. Ils pendaient à présent comme de vulgaires torchons sales, mais restaient tout un symbole. La résistance à l'envahisseur. L'identité culturelle d'un peuple toujours en révolution.

Poteaux des feux de circulation, bordures de trottoirs, bas des réverbères, en trois couleurs. Dans certains quartiers, les façades des maisons servaient de toiles géantes aux artistes anonymes, fresquistes témoins de leur temps, croquant sur du béton le désespoir d'une nation. IF YOU WANT PEACE, PREPARE FOR WAR. Si vous voulez la paix, préparez-vous à la guerre. Ces peintures avaient toutes des légendes de colère.

Berlin, Belfast. Mur de la honte, mur de la paix. Il fallait trouver un nom différent. À l'instar de sa cousine orientale, Belfast a des milliers de petits murs de la honte. Ils se cachent, se déplacent, disparaissent, reviennent de plein fouet dans l'ordinaire. Ils sont impénétrables, invisibles derrière les yeux des passants, enfouis dans les méandres de la pensée et de l'esprit. On les croit à Belfast… Ils sont partout sur l'île, dans la tête des Irlandais du nord et du sud. Ne rien dire, ne rien voir, ne rien entendre…

VII

Ciaran, qui guettait derrière sa fenêtre, sortit en voyant la voiture se garer devant son église. Il salua Lavinia et sa famille en posant les questions d'usage et serra Stiofán dans ses bras en lui souhaitant la bienvenue chez lui. Le cœur battant, Stiofán foulait le sol de Belfast et retrouvait le curé qu'il l'avait recueilli avec Maureen quand ils avaient été jetés à la rue par les gangs protestants. Il ne fut qu'à moitié surpris de le voir impliqué dans les affaires républicaines. Après plus de vingt ans passés dans les quartiers ouest… Le petit prêtre n'avait guère changé. La bande de cheveux, qui ceinturait le tour de son crâne largement dégarni, avait grisonné et, à présent, il portait des lunettes. Il ne s'était pas encore rabougri et avait gardé sa stature d'homme droit, le visage toujours souriant. Il devait avoir atteint la cinquantaine.

Il conduisit Orlagh et Eoin à l'intérieur pendant que Stiofán et Lavinia transportaient les deux petites caisses contenant les armes en pièces détachées et les munitions. Quelques minutes plus tard, ils se retrouvèrent tous dans la cuisine. Lavinia retira les pistolets dissimulés sous le petit matelas du couffin puis, Ciaran déposa le petit arsenal dans des cartons qu'il plaça sur les étagères de son débarras. Il en ferma la porte à double tour et mit la clé dans sa poche.

Lavinia changea la petite et lui donna un biberon. Le prêtre admira l'enfant qu'il n'avait encore jamais vu et lui donna un baiser sur la joue en lui tenant la main. Il pensa à Mary. Quelle joie il aurait de tenir leur enfant ! Puis il pensa qu'elle partirait demain et qu'il ne serait pas là pour sa naissance. Son sourire disparut une seconde, mais personne ne le remarqua. Ils passèrent au salon et Ciaran servit le thé. Ils apprécièrent cet instant de quiétude et discutèrent devant la cheminée en simili marbre où se consumait du charbon, dégageant dans la pièce une chaleur paisible. Eion, fatigué du long voyage, était endormi sur l'un des fauteuils. Assise sur la moquette près du couffin, Lavinia posa sa tasse sur la table et dit qu'ils ne pouvaient rester plus longtemps. Chaque fois qu'ils venaient à Belfast, ils couchaient à Twinbrook, chez des amis à eux. Seul Stiofán resterait chez le prêtre. Orlagh, qui n'avait pas dit grand-chose depuis leur arrivée, tint à débarrasser les tasses avant de partir. Ciaran l'aida et revint quelques instants plus tard avec les manteaux. Lavinia secoua doucement Eoin qui ouvrit les yeux en grinchant et voulut fixer avec Stiofán le jour et l'heure de leur retour. Stiofán s'approcha de la jeune femme en se raclant la gorge et lui dit à mi-voix :

« Lavinia, je reste à Belfast. Ne viens pas me chercher.

— Tu restes ici ? Tu as une mission ?

— En quelque sorte.

— Qu'est-ce que je dois dire à Seamus ?

— Seulement que je reste ici pour quelque temps.

— Comme tu voudras. Tu resteras avec Ciaran ?

— Je ne sais pas encore. Je ne lui ai rien dit. »

Le prêtre, les manteaux sur les bras, avait malgré lui, entendu la conversation et lança à l'adresse de Stiofán, surpris comme un enfant pris en faute :

« Ne te mets pas en peine. Tu peux rester ici aussi longtemps que tu voudras. Ça ne me gêne absolument pas. Et puis, ça me fera de la compagnie. »

Un peu confus, Stiofán remercia le prêtre de son hospitalité.

Quand Lavinia et sa famille furent parties, Ciaran sortit de sa réserve, un mini-bar en forme de tonneau, une bouteille de Black Bush 12 ans d'âge, 43%.

« Je la sors seulement pour de grandes occasions. Tu aimes le whiskey, n'est-ce pas ? »

Stiofán fit oui de la tête. Ciaran lui tendit un verre où flottaient deux glaçons et ils trinquèrent. Ils parlèrent aussi. Du passé. Lorsque deux êtres se retrouvent après plusieurs années, ils parlent du passé. De « dans le temps », « à l'époque », ou encore de « quand ton père était vivant », « quand vous êtes arrivés, toi et ta mère ». C'est obligatoire. Il faut passer la main sur ses liens recouverts de poussières de temps, imprégnés de souvenirs qu'on a gardés et rangés dans un coin. Le passé est le seul bien commun de ceux qui se revoient un jour. Le prêtre parla aussi d'Eamonn, exécuté parce qu'il conduisait un Black taxi. Mort, tué par une habitude. Celle de traverser toujours au même endroit, à la même heure. Mort parce qu'il conduisait les siens, de la cage au cirque. Mort parce qu'on dit que les Blacks cabs sont contrôlés par l'IRA.

« Tu vois, ici, rien n'a vraiment changé depuis que tu es parti. »

Stiofán n'écoutait plus que d'une oreille distraite. Il s'excusa et dit qu'il aimerait se reposer. Le prêtre lui montra sa chambre et le laissa en lui souhaitant bonne nuit. Cette première nuit, Stiofán eut du mal à trouver le sommeil. Il fuma cigarette sur cigarette se laissant assaillir d'images sans suite qui finirent par l'épuiser. Il s'endormit, vaincu, vers trois heures du matin.

Quand il se leva, en fin de matinée, Stiofán trouva la maison vide. Ciaran ne revint que vers deux heures.

« Alors, tu t'es bien reposé ?

— Oui, tout à fait. La chambre est très confortable.

— C'est bien. À propos, tu vas avoir de la visite ce soir. Quelqu'un passera chercher les armes. Je ne serai sûrement pas là. Je laisserai la clé du débarras dans le cendrier, sur le réfrigérateur. »

Le curé sortit une tasse, y jeta deux cuillerées de café en poudre et versa de l'eau bouillante. Il se tourna vers Stiofán, l'air vaguement embarrassé.

« À propos, il aura peut-être parfois besoin d'un conducteur. De toute façon, il t'expliquera. D'ailleurs il me semble que tu connais ce jeune homme. C'est Declan. Declan O'Driscoll.

— Declan », répéta Stiofán, le visage pétrifié de surprise.

Ainsi il a rejoint les Provos…

« Eh oui. Sa maison a été brûlée. Dès qu'il a eu l'âge, il n'a pas hésité. C'est même parce que j'ai voulu lui rendre service que j'en suis arrivé à cacher des armes chez moi…

— C'est vrai ça. Vous nous disiez toujours de ne pas céder à la violence. Comment est-ce arrivé ?

— Je te le raconterai, mais pas maintenant. Je dois repartir. Un être cher qui s'envole pour l'Amérique. »

Stiofán alla chercher son carnet et s'assit à la table de la cuisine.

« La vie continuera, ici comme ailleurs. La mort aussi. Un lustre et des poussières... Tous les visages laissés derrière moi s'évanouissent comme si je jetais des pellicules de films ou des photos du haut de falaises battues des vents. Elles disparaissent dans le vide et le brouillard peuplés des stridences éternelles d'oiseaux invisibles. Je ne vois pas l'océan, je le devine seulement. Je l'imagine vaste et inquiétant. Un son et une vision assourdissante.

Des années sans marcher dans tes rues, sans respirer ton air. Un lustre et des poussières... Je rouvre les yeux, je suis sorti de mon corps d'enfant et je dis : "Je suis ici. Ici et pas ailleurs. Ici, dans cette ville où des insectes d'acier survolent les maisons nuit et jour". Un soir, ce soir qui sait, un homme mourra. Il sera dans la rue, dans une voiture, blindée ou non, marié, célibataire, père, amoureux, policier ou soldat, en tout cas, injuste et criminel. Coupable de s'acharner sur un pays et des hommes... Et il mourra. Et moi, je serai complice et voyeur de cette mort. Je n'en retiendrai que les bruits de pas sur l'asphalte et les images fabriquées par mon esprit que je n'oublierai jamais. Elles seront le reflet d'une atmosphère nocturne, d'un environnement sombre avec un seul réverbère dans une rue frigide. Se lèvera alors un nouveau jour et je redirai : "Ici et pas ailleurs". Je ne penserai qu'à l'instant et je me dirai : "Je suis ici, je vis ici et aujourd'hui." »

Stiofán rangea son carnet et alluma une cigarette. Il regarda un instant la nuit qui descendait lentement. Il alla dans sa chambre et s'allongea sur son lit. Il fuma dans l'obscurité naissante en fixant des yeux le bout incandescent de sa cigarette. Il pensa à Declan et se demanda si l'adulte ressemblerait à l'adolescent. Y aurait-il une complicité entre eux ? Auraient-ils beaucoup de choses à se dire ? Stiofán somnola sur ces questions. Quand il se réveilla, le réveil marquait 19 heures. Ciaran n'était pas rentré. Il se prépara à manger puis attendit. Declan arriva vers 21 heures. En ouvrant la porte, Stiofán découvrit un homme jeune, en jean pattes d'éléphant, les cheveux longs tombant sur les épaules, avec une mèche rebelle, une moustache descendant jusqu'au-dessous de la commissure des lèvres, et un anneau à l'oreille gauche. Declan ne fut pas surpris de le voir car il avait été prévenu. Ils se serrèrent longuement la main en se réjouissant de ces retrouvailles. Declan entra et dit qu'il n'avait pas le temps de rester. Stiofán l'aida à porter les armes dans sa voiture et lui demanda, si, ce soir, il avait besoin d'un chauffeur. Declan dit que non, mais qu'il le recontacterait bientôt, puis disparut dans la nuit. Stiofán resta un instant sur le trottoir à fumer. Dans le ciel, quelques nuages de passage tamisaient la lumière blanche de la lune. Une auto passa devant lui et il aperçut, au bout de la rue, un homme qui approchait. Il reconnut Ciaran. Il marchait les deux mains dans les poches et le regard au ras du sol, il avait l'air préoccupé. Cependant, quand il vit Stiofán, son visage sembla de nouveau s'éclairer de son sourire de prêtre bienveillant. Stiofán tira une dernière bouffée et, d'un coup de pouce, propulsa le mégot dans la nuit. Il proposa au curé d'aller boire un verre quelque part. Ce dernier accepta volontiers et Stiofán alla chercher son blouson. Ils se rendirent dans un pub, pratiquement invisible de la rue. Aucune enseigne, aucune lumière, seulement une porte de bois parmi d'autres au coin d'une rue. Le pub n'avait pas de nom particulier. Ciaran avait simplement dit :

« Je t'emmène chez Gerry. »

L'intérieur était un peu à l'image de l'extérieur, quelconque, sans véritable atmosphère. Il n'y avait que quelques consommateurs, des hommes. Seule la cheminée et son âtre donnaient un peu de chaleur à l'endroit. Ils commandèrent et Stiofán fut présenté à Gerry, un homme d'une quarantaine d'années portant une barbe hirsute, noire, et un polo à manches courtes, rayé vert et rouge. Il tira les pintes, sans chercher de conversation, et les servit. Stiofán et Ciaran s'installèrent à une petite table ronde près du feu.

« Il n'aime pas beaucoup causer, mais il peut être un compagnon fort agréable à ses heures. » Stiofán ne fit aucun commentaire.

« Avant de venir ici, je travaillais dans un bar, celui de Seamus. Vous le connaissez ?

— Je sais qu'il existe et ce qu'il fait, mais je ne l'ai jamais vu. Comment l'as-tu rencontré ?

— Je l'ai rencontré tout à fait par hasard. Un jour, je passais devant son pub. Il était en train de discuter avec une femme. Là, j'ai tout de suite reconnu l'accent du Nord. Je me suis arrêté à quelques pas et j'ai fait mine de m'intéresser à une vitrine. Quand la femme est partie, je suis allé vers lui et il a entendu, à mes premiers mots, que, moi aussi, j'étais du Nord. Ce fut instantané. Je ne connaissais rien de cet homme, mais nous avions déjà un passé. Un passé commun où nous avions vécu les mêmes choses. Ensuite, je l'ai souvent revu et c'est par lui que j'ai rejoint les Provos. C'est à cette époque-là que j'ai commencé à passer mes nuits à coucher mes pensées, mais ça, c'est une autre histoire. »

Il s'interrompit pour boire.

« Et ta mère, qu'est-elle devenue ?

— Ma mère… fit Stiofán, le regard perdu au fond de son verre. C'est elle qui a voulu quitter Belfast. Elle a cru que partir serait s'entourer d'un halo d'amnésie opaque et protecteur qui nous permettrait de franchir le seuil d'une nouvelle vie. En fait, elle est partie pour moi. Elle voulait que je puisse grandir dans un autre univers. Surtout ne plus naviguer à vue sur cette mer déchaînée. Elle pensait qu'à mon âge, on pouvait tout oublier, tout recommencer. Résultat, elle est en agonie et je n'ai rien oublié. De cette amnésie forcée, j'ai gardé tous les mots, toutes les images terribles. »

Ses yeux se juchèrent sur la crête orangée et ondoyante des flammes.

« À l'école, j'avais des copains, mais je n'arrivais pas à me sentir comme eux. Nous étions tous Irlandais, mais j'avais l'impression d'être l'étranger. Ils étaient si différents. Ils ne savaient rien de cette autre Irlande, celle qui souffre. Ils ne voulaient même pas s'y intéresser. Il n'y avait que Gearoid, mon voisin. Avec lui, j'ai peu à peu levé le voile. Il a même fini par rejoindre la Cause. »

Ciaran ne le connaissait pas, mais laissa Stiofán continuer.

« Je sais que c'est un passionné d'Irlande, mais je me demande parfois s'il ne s'est pas contenté de me suivre, sans trop savoir ce que tout cela signifiait. »

Dans les jours qui suivirent ce nouveau départ, Stiofán s'organisa. Il écrivit d'abord une longue lettre à sa mère pour lui expliquer le choix qu'il avait fait, et aussi pour lui demander qu'elle lui envoie des vêtements et le peu d'argent qu'il avait sur son compte. Il n'avait rien pris avec lui quand il avait quitté Limerick pour éviter les éventuelles questions, s'ils avaient été contrôlés à la frontière. Pendant la première semaine, il alla souvent se promener dans les rues pour s'imprégner de nouveau de son espace et de son temps. Il avançait sans but précis, il lui suffisait de marcher pour évoluer librement dans son histoire. La vie avec Ciaran était simple et le prêtre était content d'avoir une présence, ça lui évitait de trop penser à Mary et à leur enfant qu'elle portait. Stiofán dut également songer à chercher une occupation quelconque qui puisse lui rapporter de l'argent. Il pensa d'abord travailler dans un pub comme à Limerick, mais Ciaran lui proposa autre chose : effectuer de menus travaux dans les maisons du quartier ouest. Ciaran connaissait beaucoup de monde. Il rendait régulièrement visite aux personnes âgées qui se plaignaient de voir leurs jardins envahis de ronces ou leur vieille grille rongée de rouille. Un vieux monsieur lui avait même dit un jour :

« Quand je regarde mon jardin, j'ai l'impression de voir mon visage fané dans un miroir. »

Ciaran lui proposa donc de faire divers travaux de peinture et de réparation qui lui permettraient, d'une part de gagner un peu d'argent, et, d'autre part, de mieux connaître la communauté. Il ajouta qu'on était au printemps et que c'était la saison idéale pour entreprendre des travaux de rajeunissement.

« Pour te faire la main, tu peux même commencer par le mien. Je ne m'en occupe plus depuis longtemps. »

Stiofán jeta un coup d'œil par la fenêtre. C'est vrai que le jardin paraissait à l'abandon. Il évalua le travail à faire. Vu que le jardin n'était pas très grand, sa remise en ordre lui prendrait environ une bonne demi-journée. Quand Ciaran fut parti, il se mit à la recherche de quelques outils dans le garage. C'était plutôt une sorte d'atelier avec un établi couvert d'outils mal entretenus. Par terre s'entassaient pèle-mêle vieux journaux, pièces détachées en tout genre, bidons d'huile vides et cartons déchirés. Stiofán remarqua aussi un vélo. Les deux pneus étaient crevés et la chaîne cassée, mais il pensa que ça pourrait lui être utile. Il en parlerait à Ciaran. Après avoir quelques instants farfouillé parmi les outils, il finit par trouver un sécateur, un petite faux et une scie utilisables. Il dénicha également une tondeuse mécanique et un râteau. Il passa toute la matinée à tailler, élaguer, couper, tondre et ramasser. Comme le temps n'était pas à la pluie, il rassembla l'herbe et les branchages, et, à l'aide d'une demi-douzaine de branches bien sèches, destinées à la cheminée, alluma un feu. Il regarda autour de lui. Le jardin avait déjà meilleure allure. Il fit un brin de toilette et sortit. Il descendit Whiterock Road qui longeait le cimetière municipal et se retrouva dans Falls Road.

Plusieurs hélicoptères de l'armée survolaient le quartier catholique. Des soldats étaient dans la rue avec des policiers et tous semblaient marcher au ralenti. Stiofán comprit le pourquoi de ce déploiement de force quand il approcha du cimetière de Milltown. Des centaines de personnes étaient venues assister à l'enterrement d'un des leurs, aujourd'hui un chauffeur de taxi, victime d'un meurtre sectaire. La police et l'armée étaient partout. Sur la route, devant le corbillard, derrière le corbillard, aux grilles du cimetière, dans le cimetière, cachés derrière les tombes. Mitraillette au poing, ils vérifiaient les identités, posaient des questions, interdisaient l'entrée à certains. Armés de caméras vidéo, certains policiers filmaient la foule. L'objectif s'attardait parfois sur un visage, plus suspect que les autres. D'autres mitraillaient le cimetière de photos. La foule était extraordinairement calme et digne.

Stiofán resta à distance. Il aurait voulu aller voir de plus près, mais craignait d'être contrôlé et questionné. Il se mêla à d'autres personnes légèrement à l'écart. De chaque côté du cortège, des Rover blindés. À côté de Stiofán, un vieil homme aux rides profondes, en plis sur le front, murmurait :

« C'est toujours comme ça. Ils ne respectent rien. Ni la vie, ni la mort. »

Le corbillard s'arrêta à l'entrée du cimetière. Quand, le visage grave, six hommes levèrent le cercueil, le petit garçon lâcha le bras de sa mère et se plaqua les mains sur les oreilles en pleurant. Stiofán serra les poings dans les poches de son blouson puis s'éloigna rapidement. Il tourna dans la première rue et se mit à courir droit devant lui. Il continua jusqu'à ce qu'il soit au bord de l'étouffement. Haletant, il s'assit par terre, le dos contre un mur. Son père était enterré à Milltown. Il irait un jour mais l'épreuve qu'il venait de subir lui montrait qu'il n'était pas prêt. Une fois qu'il eut recouvré ses esprits, il décida d'aller chez Gerry. Celui-ci le reconnut et lui offrit une Guinness. Stiofán le remercia. Cette fois, c'était lui qui voulait éviter une conversation. Il resta seul, au bout du zinc, assis sur un tabouret. Il but rapidement et commanda une deuxième puis une troisième Guinness. Quand il sortit, la nuit était tombée.

Dans cette obscurité humide de crachin, l'asphalte miroitait sous la lumière blanche des réverbères. La rue était déserte. Il n'y avait que le bruit de ses pas et le ronflement lointain des moteurs. Il marcha à la rencontre du visage de Sinéad.

« Pense-t-elle à moi ? Est-elle sur l'un de ces ponts relieurs d'âmes perdues ? Rentre-t-elle chez elle le soir, fatiguée par la vie ? Passe-t-elle ses nuits à regarder les aiguilles fluorescentes de son réveil en se disant : le temps s'enfuit et je suis seule ? S'endort-elle en relisant les mots que je lui ai écrits ? Embrasse-t-elle ce morceau de papier ? L'a-t-elle jeté ? Est-elle allongée près d'un être qui lui chavire son corps ? A-t-elle pleuré ? Sait-elle que je pense à elle dans la folie du monde et de mon univers ? Sait-elle que je ne m'intéresserais jamais à une autre femme ?

— Sais-tu, Sinéad, que j'aimerais encore écrire des mots sur les murs de ta chambre et en inventer de nouveaux avec toi ? Sineád, Sourire infini, Nuit éternelle à deux. »

Il avait jeté cette dernière phrase au vent de la nuit. Il fut lui-même surpris de ce cri sorti de son cœur. Il se hâta de rentrer pour que s'évanouissent ces pensées à la dérive.

VIII

Ciaran n'avait pas menti. Il y avait bien un petit marché à exploiter. Le prêtre avait fait le tour de Belfast-ouest et était revenu avec une liste de gens intéressés. De son côté, Stiofán avait retapé le vieux vélo, ce qui lui permettait de se déplacer plus facilement. Dans le capharnaüm du garage, il avait également trouvé quelques outils indispensables qu'il avait nettoyés. Ses journées furent alors bien remplies. Il sillonnait le quartier catholique à bicyclette et rendait visite aux personnes qui avaient besoin d'un service. Il s'agissait généralement de travaux de peinture ou de bricolage. Stiofán gagnait quelques livres et partageait souvent le repas des gens seuls. Pour la première fois depuis longtemps, il se sentait à sa place. Quand il passait le poste de contrôle de Falls Road, il se rappelait soudain qu'il vivait dans une cage. Un jour qu'il descendait en ville, un soldat, à peine plus âgé que lui, s'amusa à le suivre dans le viseur de son arme. Comment les Irlandais catholiques pourraient-ils aimer ou même tolérer l'armée britannique dans leurs rues ?

Un matin, alors qu'il s'apprêtait à partir, un paquet en provenance de Limerick arriva. Il reconnut l'écriture de sa mère. Elle lui envoyait quelques vêtements et de l'argent glissé dans le pli d'une longue lettre. Il parcourut rapidement la lettre, pour se donner bonne conscience, car il n'avait pas envie de lire les mots de désespoir – croyait-il – de sa mère. En flashs, quelques mots se détachèrent de l'ensemble :

« Souvent, soir, hôpital, quotidien, Yeats… » Stiofán interrompit sa lecture diagonale en se demandant ce que Yeats venait faire dans une lettre de sa mère. Non qu'elle fût ignorante, mais Stiofán ne savait pas qu'elle s'intéressait au poète. Il lut le passage.

« … J'espère que tu ne m'en voudras pas. Quand tu es parti, je suis montée dans ta chambre pour mettre un peu d'ordre. J'avais besoin de pénétrer ton univers une dernière fois, même si, en quelque sorte, j'y entrais par effraction due à ton absence. Mon attention fut attirée par un livre de Yeats que je me suis mise à feuilleter. J'y ai découvert des vers formidables qui m'ont rapprochée de toi. Je t'en écris deux que tu reconnaîtras peut-être :

Tu rêveras que le monde est bon,
Tu souffriras comme fit ta mère… »

Stiofán les relut plusieurs fois sans qu'il puisse se souvenir de quelle poésie ils étaient tirés. Il reposa la lettre, songeur. Cette lettre lui rappela que, de nouveau, il était à un commencement et que des êtres souffraient. Les débuts sont toujours difficiles. Aube, naissance d'un amour, naissance d'un enfant… Les aurores commencent toujours par des cris.

IX

« Déjà plusieurs semaines sans qu'il ait donné signe de vie… Sa lettre était donc une lettre d'adieu. Il est mort ! »

Sinéad fut surprise par la foudre de cette pensée-éclair. Elle répéta les trois mots en détachant chaque syllabe : « IL EST MORT. »

Elle imaginait le petit compte-rendu en page cinq du journal local : « Le corps inanimé d'un jeune homme retrouvé dans un terrain vague. (...) Le jeune homme devait décéder durant son transfert à l'hôpital. »

Dans les journaux, les gens ne meurent pas, ils décèdent. Ainsi, Stiofán était décédé, mort, en route pour la terre, les fleurs, les racines et la poussière.

« Non, je l'aurais su. Je vends des journaux tous les jours. »

Elle essayait de se rassurer, de se dire qu'elle était en train de divaguer, mais cette flèche enflammée, décochée par son imagination restait plantée dans sa tête, consumant tout sur son passage, sauf cette évidence : il est mort.

Elle tourna en rond dans sa chambre, mais ses trois mots restaient collés sur ses bras, ses jambes, ses yeux, partout sur elle. Pas un coin de sa peau qui ne fût recouvert de cette glu.

« Tu vends des journaux, mais tu ne les lis pas. » Lire le quotidien du monde l'ennuyait ou la faisait pleurer. La lecture qu'elle aimait, c'était celle des livres, des romans où l'esprit court vers les grands espaces. Il fallait qu'elle en ait le cœur net. Elle se rendit au siège du journal de la ville et demanda les exemplaires des trois dernières semaines y compris celui du jour. Elle dut patienter quelques minutes jusqu'à ce qu'un homme en bleu les lui descende. Sinéad paya et repartit, sa pile de journaux sous le bras. Dans sa chambre, elle déposa les journaux par terre et commença à les examiner page par page. Ses yeux étaient comme des radars prêts à envoyer un bip-bip au moindre signe. Son cœur battait à chaque fois qu'elle lisait le mot « accident » ou que la nécrologie annonçait le décès d'un Murphy. Elle resta deux heures à chercher en vain la nouvelle fatale. Son obsession disparut quand elle eut tourné la page du dernier journal. Elle n'avait rien trouvé. Elle sourit et dit :

« Il est vivant. » Elle répéta ces trois mots en détachant les syllabes.

X

Stiofán alluma la lumière de la cuisine et sortit une bière du frigo. Il s'installa dans un fauteuil du salon et poussa un long soupir. La journée avait été dure. Tôt le matin, il s'était rendu à vélo dans une ferme un peu en dehors de la ville et y avait travaillé jusqu'en fin d'après-midi. Il avait aidé Finbar, un vieux fermier, ami de Ciaran, qui vivait seul avec sa sœur, à couper du bois et à empiler les bûches. Le vieil homme, bien qu'encore robuste, avait besoin de quelqu'un pour les travaux pénibles. Il avait été satisfait du travail de Stiofán et lui avait proposé de le prendre quelques semaines pour l'extraction de la tourbe, cette boue de végétaux noirâtre, charbon de l'Irlande. Malgré l'âpreté de cette tâche ingrate, Stiofán avait accepté. Il regarda ses mains. Malgré les gants qu'il avait mis pour se protéger, la peau s'était, par endroits, gonflée d'ampoules. Il savoura une gorgée de sa bière et prit une cigarette. Il s'enfonça dans le fauteuil et posa son regard sur les volutes bleutées. Il ne pensait à rien et appréciait ce basculement vers le vide du corps et de l'esprit, lentement submergés par la fatigue. Il aspirait l'ultime bouffée de sa cigarette, grillant même un peu le filtre quand il entendit frapper à la porte. Ciaran n'était pas là, il était à son église pour l'office du samedi soir.

« Avec un peu de chance, ça sera pour lui », pensa-t-il.

Il écrasa son mégot et alla ouvrir.

Declan se tenait en face de lui. Visite d'amitié ou de travail ?

« Salut, Stiofán. J'ai besoin d'un chauffeur. J'ai pensé à toi. »

Stiofán lui demanda s'il ne voulait pas entrer un instant, mais, Declan répondit qu'ils n'avaient pas le temps. Stiofán alla chercher son blouson et ils se mirent en route. Dehors, la nuit était fraîche et un léger vent d'ouest flottait dans les rues.

« Où va-t-on ?

— Il nous faut une voiture. Je t'expliquerai à mesure. »

Apparemment, Declan savait où il allait. Il marchait d'un bon pas et Stiofán commençait à ressentir quelques courbatures après son escapade à la campagne. En plus de son travail, il avait dû parcourir une quinzaine de kilomètres pour aller à la ferme et revenir. Ils marchèrent ainsi, côte à côte. Declan ne semblait éprouver aucune joie particulière à retrouver un copain d'enfance. Il s'enquit tout de même de savoir ce que Stiofán avait fait durant toutes ces années.

« Pourquoi es-tu parti ?

— Je n'ai pas eu vraiment le choix. Ma mère ne supportait plus la vie ici.

— Et toi, finalement, tu es revenu…

— Oui. C'était la condition absolue si, un jour, je veux vivre normalement. »

Declan se tourna vers lui, lui décochant un regard de surprise.

« Qu'est-ce que tu veux dire ? On vivra normalement quand les Brits auront foutu le camp, pas avant. »

Il y eut un bref silence puis Stiofán demanda :

« Tu connais la République ?

— Oui, mais je n'y vais pas très souvent. J'y vais seulement quand j'étouffe ici. Je descends alors chez des amis à Dublin et j'en profite pour respirer à l'air libre. Mais, ma vie est ici.

— Tu n'as jamais quitté Belfast ?

— Non. Quand notre maison a été brûlée, je n'ai plus eu qu'une idée en tête : rejoindre les Provos dès que possible. Ils étaient les seuls à s'occuper de nous. Votre gouvernement ne veut pas entendre parler de nous et les Britanniques s'acharnent à nous traiter comme des chiens. Nous avons peu de marge… Maintenant, toute ma vie, je la passerai à essayer de faire triompher la Cause. Je finirai probablement ma vie au Maze [1], à moins que je ne sois descendu. »

Stiofán écoutait plus qu'il ne parlait. Il avait du mal à se concentrer. Ils passèrent devant une église et tournèrent à gauche dans une petite rue sombre. Le seul éclairage provenait de la lumière qui

[1]. Lieu de détention où sont regroupés les républicains irlandais.

filtrait à travers les vitraux. Ils pouvaient entendre l'écho du chant des fidèles. Ils traversèrent, remontèrent la rue sur environ cent mètres et pénétrèrent sur un parking dont l'entrée était éclairée par deux réverbères. Ils s'enfoncèrent dans l'allée jusqu'au coin le plus sombre. Bien alignées, il y avait là un centaine de voitures.

« Théoriquement, il y en a toujours un qui laisse une portière ouverte… On va commencer par cette rangée-là. »

Declan sortit une lampe de poche et la tendit à Stiofán.

« Tu vas m'éclairer pendant que je fais le tour des bagnoles. »

Il essaya les portières de la première voiture, sans succès. Il passa à la voiture d'à côté. Stiofán éclairait en prenant garde que la lumière ne se voie pas de la rue. Ils continuèrent leur manège pour toutes les voitures de la rangée puis en attaquèrent une nouvelle. La chance finit par leur sourire. Une vieille Starlett bleu ciel, à moitié rouillée dont le propriétaire avait oublié de fermer le coffre à clé. Declan l'ouvrit et entreprit d'enlever la plage arrière amovible. Stiofán avait oublié sa fatigue et était tendu. Il n'avait pas l'habitude de ce genre de virée. Il fit le guet pendant que Declan se faufilait à l'intérieur jusqu'au volant. Il l'entendit farfouiller dans la boîte à gants. Il referma doucement le coffre et s'approcha de la portière côté conducteur. Declan descendit la glace.

« Et les clés en prime, lança-t-il en faisant tourner le trousseau devant les yeux de Stiofán. Je n'aurai même pas à bricoler les fils pour la démarrer. Quelle heure est-il ?

— Neuf heures moins le quart.

— Bon, pas de problème. La messe se termine à neuf heures. On a tout le temps. Retourne à l'entrée pour voir si on peut y aller. »

Stiofán courut à l'entrée et regarda alentour. La rue était déserte. Il fit signe à Declan avec la lampe. Tous feux éteints, Declan démarra et, arrivé à hauteur de Stiofán, stoppa l'auto.

« C'est toi qui conduis », fit-il en descendant.

Stiofán s'installa au volant et quitta le parking. Declan se frottait les mains.

« Voilà comment on pique une voiture chez les “bouchers”. »

Stiofán se raidit.

« Quoi ! Tu veux dire qu'on était dans un quartier protestant ?

— Et qu'est-ce que tu crois. On n'allait tout de même pas piquer la voiture d'un catholique, non ? »

Stiofán eut des frissons en pensant à ce qui aurait pu se passer. Il démarra. Ses ampoules aux mains le gênaient un peu pour conduire. Tout en indiquant le chemin à suivre, Declan lui expliqua que le but de leur sortie était une « levée de fonds ». Il avait repéré un petit commerce ouvert jusqu'à 22 heures, situé à la limite du centre-ville. Selon lui, il s'agissait simplement d'entrer dans le magasin et de ressortir avec l'argent. Stiofán n'aurait qu'à attendre et foncer au moment voulu. Ils firent quelques détours afin d'éviter les check-points et les rues fermées la nuit. Ils étaient quelque part dans le quartier catholique quand Declan demanda à Stiofán de s'arrêter. Stiofán obéit, mais ne comprit pas tout de suite pourquoi. En effet, le centre était encore loin. Declan descendit, sortit un paquet d'une poubelle fixée à un lampadaire et revint à la voiture.

« On continue. »

Stiofán était intrigué. Tout en conduisant, il jetait des coups d'œil furtifs à Declan. Celui-ci plongea la main dans le sac et en sortit deux revolvers et deux chargeurs.

« Ce sont ceux que tu as amenés…

— Et tu veux faire quoi avec ? demanda Stiofán un peu anxieux.

— On verra. Tu sais, ces engins impressionnent toujours les vendeuses. Je mets le tien dans la boîte à gants. On ne sait jamais. Tu prends à gauche, on est presque arrivés. »

Stiofán s'engagea dans la rue et aperçut, un peu plus loin, une enseigne lumineuse. Il gara la voiture à une cinquantaine de mètres de la boutique, de l'autre côté de la chaussée. Declan glissa l'arme dans la poche intérieure de son blouson et fixa la vitrine éclairée.

« Elle ferme généralement vers 22 heures. J'y suis allé deux fois cette semaine pour voir l'intérieur. Ça ne devrait pas poser de problèmes. »

Il sortit un paquet de cigarettes et en proposa une à Stiofán.

« Tu veux attendre qu'elle ferme pour y aller ?

— Oui. Elle doit sortir pour baisser le rideau de fer. À ce moment-là, je suis sûr qu'il n'y a plus personne dans le magasin. En plus, c'est une rue calme. » Declan baissa la vitre pour évacuer la fumée. Il consulta sa montre.

« Dix heures moins vingt. Je vais descendre maintenant parce que, si elle me voit sortir d'une voiture arrêtée en face de son magasin au moment où elle ferme, elle va comprendre vite fait. Bon, alors, dès que je sors du magasin, tu démarres et plein pot, OK ?

— OK. »

Declan allait ouvrir la portière quand un type marcha vers la boutique. Declan soupira.

« J'espère qu'il ne sera pas long. »

Quelques instants plus tard, il ressortait.

« Cette fois, j'y vais. »

Declan sortit referma doucement la portière et traversa. Stiofán le suivit du regard, les deux mains crispées au volant. Concentré, il ne prêtait pas attention à la douleur de ses mains meurtries. Dans son rétroviseur apparurent deux phares. Et si c'était une ronde de police ? Stiofán recula sa tête et se laissa glisser le long du siège. La voiture passa sans s'arrêter et disparut. Stiofán se redressa et chercha Declan des yeux. Il le vit sortir d'une zone d'ombre et marcher vers la boutique. Il sortit une cagoule noire de sa veste qu'il enfila avant d'entrer. Il n'attendit pas que la femme sorte. Il imagina la conversation :

« J'allais fermer. Monsieur, vous désirez ?

— La caisse, grand-mère ! »

Les mains en appui sur le volant, le haut du corps penché en avant, comme pour se rapprocher au maximum du lieu de l'action, sa tête touchant presque le pare-brise, Stiofán observait le seul rectangle de lumière blanche dans l'ombre de la rue. Il ne pouvait rien distinguer de ce qui se passait à l'intérieur à cause de la buée sur la vitrine. 59, 60. Il avait commencé de compter au moment où Declan était entré. Il arrivait à une minute quarante quand tout sembla basculer. Cela commença par des cris immédiatement suivis par des aboiements. Stiofán sentit la panique le gagner, une grosse vague déferlante prête à le submerger s'il ne faisait pas quelque chose. Mais justement, il ne savait pas quoi faire. À l'intérieur de la boutique, les cris et les grognements sourds continuaient. Trois coups de feu claquèrent soudain dans ce rectangle de lumière blanche, déchirant la tranquillité de la nuit. Plus d'aboiements de chien, plus de cris. Seulement le ding-dong caractéristique d'une porte de magasin qu'on ouvre. Stiofán démarra. Comme par enchantement, des jets de lumière vinrent se coller sur les façades. Stiofán poussa la première à fond puis écrasa la pédale de frein. Les pneus sifflèrent sur l'asphalte. Declan s'engouffra et hurla :

« Pleins gaz, bon Dieu. Y'a deux voitures qui viennent de tourner au coin de la rue. »

Stiofán regarda dans son rétroviseur.

En effet, deux paires de phares se rapprochaient. Il enfonça l'accélérateur et la voiture partit en trombe.

« La salope avait un chien, un gros chien-loup. Tu prends à gauche. Il faut qu'on retrouve une artère plus animée. »

L'une des deux voitures s'étaient mise à leur poursuite. Declan se retourna pour vérifier.

« Qu'est-ce qu'il espère, ce con. Ça doit être un flic qui veut faire du zèle. Ralentis un peu. Laisse-le s'approcher. J'ai encore trois balles : elles seront pour lui.

— Non, attends, on va le semer, fit Stiofán en s'apprêtant à accélérer.

— Je te dis de ralentir, t'as compris ? »

Stiofán s'exécuta. Quand la voiture fut à une distance convenable, Declan se pencha au dehors et vida son chargeur sur le poursuivant. Le phare droit et le pare-brise volèrent en éclat.

« Merde, j'avais pourtant visé les pneus, rigola nerveusement Declan en se rasseyant. Il a eu son compte, le héros. »

Il vérifia que leur poursuivant avait bien abandonné et demanda à Stiofán d'accélérer un peu.

« Allez, on rentre, dit-il en enlevant sa cagoule. La salope, elle avait un chien. Je la tenais en respect pendant qu'elle mettait l'argent dans le sac. Au moment où j'allais le prendre, elle l'a laissé tomber et s'est caché derrière le comptoir en hurlant. Ça a été instantané. Un gros clébard a surgi des escaliers et m'a sauté dessus. Je l'ai eu avant qu'il ne fasse du grabuge.

— Et la vieille ?

— Elle, elle est restée sous le comptoir. Je ne m'en suis plus occupé. J'ai juste eu le temps de ramasser le sac et de filer à toutes jambes. »

Declan fouilla dans le sac qui était à ses pieds et sortit quelques billets.

« Y a un bon petit paquet là-dedans. »

Il mit deux billets dans sa poche et en donna un à Stiofán.

« Je crois qu'on a bien mérité ça. »

Il marqua une pause et ajouta :

« La salope, elle avait un chien… »

À présent, il n'avait plus grand-chose à craindre. Ils rentrèrent sur Belfast-ouest. En chemin, Declan redéposa les armes dans la poubelle. Il fallait maintenant se débarrasser de la voiture. Ils décidèrent de l'abandonner dans un terrain vague, derrière la gare. Quand Stiofán coupa les phares, il n'y eut que la nuit, le vent dans l'herbe et la sirène des trains qui s'éloignent. Ils descendirent et Declan demanda à Stiofán de lui tenir la torche. Il prit un chiffon qu'il trempa dans le réservoir. Il badigeonna l'intérieur de l'auto et abandonna le chiffon sur le siège du conducteur. Il craqua une allumette et enflamma le tissu imbibé. Une houle orangée ondula un instant sur la banquette avant qu'un souffle chaud ne se propage dans le véhicule. Il prit la lampe de la main de Stiofán et la mit dans sa poche.

« Le travail est fini. Mission accomplie. On se sépare ici. Je te recontacterai. »

Declan disparut et Stiofán contempla le brasier. Il crut y reconnaître des visages passés, des braises de pensées rouges et noires, endormies dans son cerveau. Il était vingt-deux heures trente. Il quitta rapidement le terrain vague et reprit le chemin de la maison. La tension de ces deux dernières heures avait soudain quitté les muscles de son corps. Il se sentit sans force, en proie à l'épuisement. Son corps était douloureux. Quand il poussa la porte de la maison, Ciaran était au téléphone. Il entendit « oui », « ma chérie », « je t'aime », fut surpris, n'attendit pas, oublia aussitôt, tomba sur son lit et se laissa engourdir d'obscurité. Il ne voulait plus penser. Il ne pensa plus. Une phrase lui vint encore à l'esprit quand il entendit au loin un aboiement.

« La salope, elle avait un chien. »

Quand il se réveilla le lendemain matin, le soleil égayait timidement les rues. Il tira les rideaux et regarda par la fenêtre. Une auto blindée passa au même moment et il se retrouva sans transition dans son quotidien. Il pensa contrôle, promenade nocturne, contrôle, vulgarité, barreau, acier, fil de fer, briques, grilles, tessons de bouteille, herses à clous, coups de feu, Big Brother, nuits bleues, rêves de ponts, grève de la faim, grève de la fin, changer tout et à tout prix, le plus vite possible. Il prit une douche froide et s'habilla. Dans la cuisine, Ciaran, en habit noir et col blanc, prenait son petit déjeuner.

« Bonjour. Tu viens à la messe aujourd'hui ?

— Non, Ciaran, aujourd'hui, pas plus que les autres jours. »

Stiofán mit la bouilloire en route.

« Vous savez que Finbar m'a proposé du travail pour quelques semaines.

— La tourbe, n'est-ce pas ?

— Tout juste. Je vais donc rester à la ferme. Ce sera plus pratique.

— Comme tu veux, fit le prêtre en vidant sa tasse. Tu verras, Finbar est un vieux loup. Il n'est jamais beaucoup sorti de chez lui, mais c'est un républicain dans l'âme et sa maison sert parfois de planque. Il connaît beaucoup de monde dans le milieu, y compris Declan. Autant que tu le saches. Mais il ne parle jamais de tout ça. C'est à cause de sa sœur, Muireann. Elle aussi a de profonds sentiments républicains mais elle n'aime guère être mêlée à ces affaires. »

Stiofán écoutait sans rien dire. Le prêtre continua :

« C'est aussi un grand raconteur de légendes irlandaises. Tu en entendras sûrement si tu partages ses repas. Quand y vas-tu ?

— Je pars demain.

— Je passe de temps en temps chez eux pour apporter des nouvelles de la ville, nous nous reverrons souvent. Et puis, quand tu en auras marre de la campagne, tu pourras toujours prendre ton vélo et on ira boire un verre chez Gerry. »

Ciaran partit pour son office. Stiofán passa la journée à noircir des pages qui racontaient une nuit à Belfast, une nouvelle expérience, un nouveau pas dans sa lutte. Des mots pour un ami d'enfance qu'il avait du mal à reconnaître, tant leur histoire, pourtant semblable, avait pris pendant ces années des chemins d'infortune différents. Ils n'avaient pas eu la même adolescence, n'avaient pas eu la même façon de rêver. Néanmoins, il s'étaient promis la même chose combattre pour la paix et la liberté. De leur pays et de leur esprit.

Le lendemain, Stiofán boucla sa valise et partit. Il marcha jusqu'à la périphérie de la ville, puis fut pris en stop par un homme aux cheveux gris et au visage figé dans la tristesse. Il conduisait sans bouger la tête.

« Mon fils avait à peu près votre âge. Il est mort parce qu'ici, c'est la guerre. C'était il y a deux ans. Il est mort parce que c'est la guerre, répéta-t-il. Il est passé au mauvais endroit au mauvais moment. Une voiture piégée… C'était un nouvel exploit de l'IRA… Quand rasera-t-on Belfast-ouest pour se débarrasser de la vermine ? »

Stiofán ne répondit rien. Il pensa simplement :

« Mon père aurait dû avoir votre âge. Il est mort parce que c'est la guerre… Il est mort parce que c'est la guerre… »

XI

Une boîte aux lettres accrochée à un piquet de bois, un chemin de boue, de cailloux, d'herbes sales et d'ornières saturées d'eau ocreuse, une ferme en « U » avec habitation, grange et étable, caquètement, silence des horloges arrêtées, tintement d'un seau contre les parois d'un puits. La ferme avait été construite hors du temps, au milieu de nulle part et abritait deux vies, Finbar et Muireann. Toute une vie passée dans une campagne de tourbières, des mains rougies et noueuses. Finbar décrochait le seau d'eau de la poulie quand Stiofán apparut dans la cour. Il posa le seau à terre et attendit que Stiofán vienne vers lui. Le paysan l'accueillit avec un large sourire. Il ôta sa casquette et se passa la main sur le crâne.

« Bienvenue chez nous, fit il en lui serrant la main. Suis-moi, je vais te montrer ta chambre. »

Ils pénétrèrent dans la maison paysanne. Stiofán fut surpris de l'obscurité du couloir qu'ils traversaient. Finbar ouvrit la dernière porte et dit simplement :

« C'est là. »

Stiofán posa son sac et regarda autour de lui. Une paillasse, une petite table avec une lampe à pétrole et une fenêtre qui donnait sur les champs et les bois environnants. Des languettes de papier-peint restaient collées aux vieux murs humides, comme des cartes postales du passé. Il y avait juste une chaise et, en guise de lavabo, une cuvette et un broc. Ainsi était donc son nouveau décor. Un mélange de campagne, d'intemporalité et de réalité-violence gravée dans chaque parcelle de son cerveau. Finbar le prit par le bras.

« Viens à la cuisine. Muireann est en train de préparer le thé. »

Finbar fit les présentations et Stiofán découvrit une petite femme au corps sinueux et au visage fripé. Elle était chaussée de godillots sans lacets, trop grands pour elle et portait, en médaillon sur son gilet de grosse laine verte, une croix gaélique.

« Dia Duit. Fáilte. Cad é mar tá tu ? »

Stiofán fut surpris d'entendre parler sa langue et répondit en gaélique à la vieille femme qui lui serrait la main :

« Je vais bien, merci. Je vois que l'Irlande et le gaélique n'ont pas que les falaises escarpées de nos côtes comme frontières. »

La vieille femme lui sourit en secouant la tête.

« Vous savez, nous ne parlons pas beaucoup gaélique et nous comprenons plus que nous ne pouvons dire. Ciaran nous a dit que vous habitiez Limerick, alors j'ai pensé que quelques mots de bienvenu en gaélique vous feraient plaisir.

— Vous avez tout à fait réussi.

— Tu sais, mon garçon, Muireann et moi, on est des vieux fous. On ne vit pas comme tout le monde. On a la chance d'être heureux parce que nous ne parlons qu'à la nature et aux hommes qui en sont proches. Mais, on sait aussi ce qui se passe en ville, ajouta-t-il en faisant un clin d'œil. Et puis, le père Ciaran passe de temps en temps pour nous donner des nouvelles. »

Muireann servit les assiettes. Bœuf bouilli avec des pommes de terre en purée épaisse et des navets coupés en petits cubes, cuits à l'eau. Stiofán remarqua son corps courbé qui semblait vouloir se rapprocher de la terre.

« Nous vivons ici depuis que nous sommes nés, expliqua Muireann. Nous sortons rarement de la ferme, sauf pour aller au marché. Parfois, nos voisins passent la soirée chez nous avec leurs enfants ou même leurs petits-enfants. Ils apportent un violon ou un concertina et Finbar raconte des histoires aux enfants sur fond de musique traditionnelle. J'ai même une cousine qui chante quand elle a bu deux ou trois pintes. C'est beau la tristesse des chants irlandais.

— Je joue du violon, mais, malheureusement, j'ai dû le laisser derrière moi.

— C'est dommage, tu aurais trouvé des amateurs ici. »

Finbar soupira.

« Oui, nous passons de bons moments. Vois-tu, nous ne savons ni lire, ni écrire, mais, enfants, nous avons su écouter. C'est pourquoi aujourd'hui, nous savons encore raconter ces histoires et ces légendes qui viennent du cœur de la campagne d'Irlande. Tous ces vieux contes se sont racontés dans notre famille de génération en génération. Personnellement, j'en connais plus de cent. Quand je mourrai, ils disparaîtront avec moi. J'espère que quelques-uns me survivront. »

Après le dîner, Stiofán se retira dans sa chambre pour s'imprégner de son nouvel univers. Dehors, il pleuvait dru. Il alluma une cigarette et ouvrit la fenêtre pour regarder la nuit. Le martèlement des gouttes sur les toits et le frémissement du vent dans les feuillages couvraient les bruits de la nuit. La lune était assise sur la cime des arbres. C'était le premier quart, elle offrait au ciel un berceau blafard. Stiofán souleva le globe de verre de la lampe et enflamma la mèche avec son briquet. Il reposa le globe et une lumière verte et incertaine éclaira faiblement la pièce. Il prit son stylo et écrivit sur le papier-peint défraîchi et du mur, près de la fenêtre : SINEAD puis à côté, STIOFAN. Sous son prénom, il écrivit NUIT et sous l'autre JOUR. Il décida que, chaque nuit, devant l'astre nu, il écrirait des mots sur ce mur.

« Ces secondes d'écriture seront magnifiques », pensa-t-il.

Le lendemain, à l'aube, Finbar fit avec lui le tour de sa modeste exploitation. Il s'agirait pour Stiofán d'aider le vieux paysan et sa sœur dans leur travail quotidien. Nourrir les quelques bêtes, traire, bêcher, biner, désherber, nettoyer, réparer, et puis, surtout, extraire la tourbe à la main, ce qui représentait un travail harassant.

« Tout ce qui est produit à la ferme y est également consommé. Nous allons parfois vendre le surplus au marché. Pour le reste, nous allons de temps en temps en ville, dans les supermarchés. »

Stiofán s'habitua peu à peu à son nouveau travail. Quand il partait le matin pour les tourbières toutes proches, Muireann lui donnait toujours deux sandwichs et une bouteille de thé au lait qu'elle glissait dans une grosse chaussette de laine pour que le breuvage garde plus longtemps sa chaleur. Le premier jour, Finbar avait passé la journée avec lui pour lui montrer le travail. Stiofán avait observé comment le vieux paysan s'y prenait pour enfoncer sa pelle dans la terre spongieuse et découper des petites briquettes qu'il faudrait ensuite mettre à sécher avant de les vendre ou de les utiliser pour le feu de cheminée. Après des journées entières passées, seul, près des marais, Stiofán revenait fourbu. Quand il arrivait, Muireann lui servait son dîner qu'elle avait gardé au chaud. Un soir qu'il avait pris le repas avec Finbar, celui-ci lui avait promis, qu'un de ces jours, il lui raconterait une des vieilles légendes qui couraient la lande depuis des siècles. Stiofán découvrait la nature. Cet isolement-là ne le faisait pas ruminer, au contraire, il avait l'impression de se purifier. Il n'était cependant pas dupe. Il savait que, dès qu'il retrouverait la ville, elle se repeuplerait de ses démons.

XII

Sinéad se réveilla dans un souffle d'angoisse. Son front et ses mains étaient moites. Allongée, en appui sur ses coudes, son esprit transitait entre rêve et réalité. Un puits au fond insondable, des pierres humides, des hommes enchaînés, les bras tendus vers le ciel, la bouche ouverte, entassés dans des prisons souterraines, la lumière qui n'était plus qu'un point filant, et surtout, cette chute vertigineuse, le cœur à la bouche. Tout ce matériel de rêve avait télescopé le réel et venait d'éclater en mille morceaux incompréhensibles. Le réveil marquait huit heures et la pluie tombait. Sinéad retrouva peu à peu son calme et se glissa dans son environnement. Elle se redressa et regarda le mur en face. SOLEIL et OCÉAN, écrits en lettres majuscules. Elle se leva et caressa les mots. Elle pensa à Stiofán et eut envie de l'étreindre. Elle caressa doucement son sexe à travers l'étoffe de sa chemise de nuit. Son corps frémit. Un long frisson la fit trembler. Elle garda la sensation quelques secondes et alla prendre une douche. Nuit, angoisses, frissons de sueur disparurent, noyés sous les milliers de gouttelettes qui dévalaient le long de son corps. En sortant, elle se sentit fraîche et pure. Elle passa un jean et un T-shirt et alluma le radiateur électrique dont la voisine avait fini par lui faire cadeau. Elle se prépara un instantané et regarda par la fenêtre. Combien de dimanches de solitude depuis que Stiofán était parti. Le temps passait. Sineád marchait dans les rues, sur les ponts, sur leur pont, travaillait dans sa petite boutique, pleurait, traînait parfois dans les pubs. Elle errait. Elle n'avait pas d'adresse, pas de téléphone. Seulement un prénom, des émotions et une histoire en sursis.

« Que faire les dimanches quand le corps entier est de nouveau plongé dans les méandres glacés de la solitude ? Marcher ? Sortir ? Voir des gens ? Parler aussi, je suppose. Rêver ? »

Sinéad mit une veste de laine et sortit. Il ne pleuvait plus. Elle marcha vers le centre-ville.

« Je marche, je sors, je vois des gens. »

Elle entra dans un pub.

« Un verre de Smithwicks, s'il vous plaît.

— Voilà. Merci. »

« Je parle aussi. Je vis donc. Je communique. Mais qui s'intéresse à moi ? Je parle à des gens qui ne m'écoutent pas et je vois des gens qui ne me voient pas. Qui sait que je vis sur cette planète depuis 23 ans ? 23 ans, ce n'est pas rien. Et pourtant, je passe là, inaperçue. Je suis un décor de ville, une ombre de la rue quand le soleil brille, une goutte d'eau écrasée sur l'asphalte quand la pluie tombe. Mais je suis... »

Elle but une gorgée et se plongea dans ses souvenirs.

« J'ai découvert que j'avais un corps à l'âge de treize ans. Le soir, au couvent où j'étais pensionnaire, j'observais ces petits poils qui commençaient à duveter les courbes de mon sexe. La lumière éteinte, je les caressais. Je jouais avec ce petit triangle charnel au cœur de moi-même. Mes lèvres s'entrouvraient sous la caresse de mes doigts. La première nuit où vint le plaisir, mon gémissement réveilla Marie, ma voisine de lit.

» Qu'est-ce que tu as ? avait-elle chuchoté, tu as mal ?

J'avais soupiré, puis j'avais ri.

» Au contraire, Marie, je suis au-dessus des nuages. Mon ciel est d'un bleu intense et lumineux.

La nuit suivante, avant que les nonnes n'éteignent, je lui parlai de mon secret.

» On appelle ça "jouissance". Tu connais ce mot ?

Marie avait fait oui de la tête.

» Tu connais le plaisir ?

Marie avait rougi en disant tout bas :

» Je ne sais pas.

Nous allâmes au lit. Alors que les autres dormaient, j'entendis un frottement régulier en provenance du lit de Marie. J'écoutais ses soupirs qu'elle essayait d'étouffer pour ne pas réveiller les copines. Un dernier sursaut, un petit cri en forme de climax et d'adieu. Son corps s'apaisa. Je me penchai vers elle.

» Qu'est-ce que tu as vu ?

Sans bouger, elle répondit :

» Des couleurs vives et brûlantes. Je suis descendue le long d'un arc-en-ciel.

Cette nuit-là et, toutes les autres nuits, nous nous parlâmes. Dans l'obscurité complice, nous nous parlions de nos désirs, de nos visions et de nos rêves. Je lui parlais de la jouissance, cette infinie étendue d'eau calme, bleu turquoise que je survole à la vitesse du son, de cette lumière blanche, éblouissante qui électrisait mon corps, jusqu'à l'orgasme, cette chute vertigineuse, cet adieu au plaisir. Pendant toute mon adolescence, les nonnes m'avaient rabâché qu'il fallait parler avec les autres, s'intéresser aux autres, sourire, écouter, bref, communiquer. Ce n'était pas suffisant. Le jour, je communiquais. Mais, fallait-il faire semblant de s'intéresser pour communiquer ? J'avais besoin d'autre chose, il me fallait aller au-delà de la communication. La nuit, avec Marie, je communiais. L'obscurité était le lieu privilégié de notre communion, de ces mots non-dits qui appartiennent au rêve. Marie et moi, nous étions sœurs de rêves. Réalisés ou non, ils existaient pour la première fois et je les exprimais. J'avais trouvé le mot qui me manquait : "communier". »

Autour de Sineád, les voix s'étaient faites plus nombreuses et plus fortes, la fumée plus dense. Elle finit sa bière et partit. Pourquoi se rappelait-elle tout ça ? La solitude. L'absence. L'absence de l'essentiel. Disparu il y a déjà trop longtemps. Elle flâna le long des quais du port. Des voitures roulaient lentement avec, au volant, des hommes à la recherche d'une prostituée. Ici, il n'y avait que des putes aux jambes grasses et lourdes, aux lèvres marquées au rouge vif, au visage flasque, fatigué, brisé par la vie.

Quand elle rentra chez elle, Sinéad caressa encore le SOLEIL et l'OCÉAN. Elle relut ses mots. « Amour, notre mot. Je t'aime. Stiofán. » Elle sourit, dit :

« Je t'aime... », et ajouta : « ... donc je te chercherai. »

XIII

Le soir était le moment de la journée que préférait Stiofán. Après le dîner, il s'asseyait à la fenêtre et contemplait le chatoiement des astres lumineux. Il avait écrit de nouveaux mots sur le mur. Sous son prénom, il avait écrit « Nuit, Ciel, Chaleur », et sous SINEAD, « Jour, Terre, Froid ». Il n'écrivait pas régulièrement, mais à chaque fois qu'il notait le présent dans son carnet, il commençait par inscrire un mot nouveau sous l'un des prénoms. En ce moment, il était très préoccupé par Declan, son vieil ami, qui était en même temps le seul visage de l'IRA qu'il avait vu. Le courant ne passait plus comme avant avec lui. Il n'était jamais venu le voir en ami. Ce n'était pas de l'indifférence que manifestait Declan à son égard, non, il faisait plutôt preuve de surprise, d'une surprise qui l'embarrassait sans qu'il puisse dévoiler les raisons de cet embarras. Stiofán avait l'intention d'attendre, sans brusquer les choses, pour voir comment leur relation évoluerait. Parfois, il n'écrivait rien, ne regardait pas la nuit et se réfugiait dans un sommeil réparateur.

* *

La journée n'avait pas été trop difficile. Stiofán avait accompagné Finbar au marché dans le village voisin. Le vieux paysan voulait vendre quelques volailles, des carottes de sa terre et des briquettes de tourbe. Il aurait pu y aller tout seul, mais il aimait la compagnie de Stiofán et avait pensé que celui-ci serait content de s'éloigner de la ferme. Ils rentrèrent à l'heure du thé. Comme d'habitude, Muireann avait mitonné un repas pour eux. Stiofán venait juste de pousser son assiette quand la vieille femme aperçut deux personnes sur le chemin de leur maison.

« Tiens, il semble que nous avons de la visite… »

Stiofán s'approcha de la fenêtre pour regarder et reconnut tout de suite Declan qui était en compagnie d'une jeune femme.

« Bon, dit-il en regardant les deux paysans. Je crois qu'on vient me chercher. » Je vous verrai demain.

« À demain, mon garçon », répondit Finbar.

Muireann resta muette. Stiofán prit son blouson et alla à leur rencontre.

« C'était quand même plus facile quand t'étais chez le curé », plaisanta Declan. Ses chaussures et ses bas de pantalons étaient couverts de boue. Il fit un mouvement de tête à droite pour remettre sa mèche en place, et alluma une cigarette.

« Je te présente Elisabeth. »

Stiofán salua la jeune femme. Ses longs cheveux noirs que le vent avait entrelacés, lui rappelèrent un instant Sinéad. Mais son visage fermé, presque dur et sa veste de toile kaki lui enlevaient son charme féminin, du moins au premier abord. Une vieille R 16 bleu horizon était stationnée près de la boîte aux lettres. En tout cas, aujourd'hui, Stiofán ne serait pas chauffeur. En effet, un homme aux cheveux roux et au visage anguleux était déjà assis côté chauffeur ses deux grosses mains épaisses posées sur le volant.

« James », fit simplement Declan, puis il expliqua qu'ils n'avaient pas pu aller plus loin sans courir le risque de s'embourber.

Stiofán monta côté passager tandis qu'Elisabeth et Declan prenaient place sur la banquette arrière. Il demanda le pourquoi de leur visite à la ferme. Declan répondit que, cette fois, il ne s'agissait pas d'une mission à proprement parler, plutôt d'une démonstration instructive pour tous. Stiofán ne demanda aucune explication supplémentaire en se disant qu'il verrait plus tard.

Depuis qu'il travaillait à la ferme, Stiofán n'était pas encore allé en ville. Par la vitre, il regardait la campagne se moucheter de cottages et de maisons blanches qui, petit à petit, s'assemblaient en faubourgs. Son séjour à la ferme lui parut soudain une éternité. Ils empruntèrent l'autoroute pour éviter le centre-ville. Le jour déclinait ; cependant, Belfast ne baignait pas encore dans sa lumière orange. Ils sortirent de l'autoroute et arrivèrent dans une partie de la ville que Stiofán ne connaissait pas bien. Il retrouva néanmoins avec plaisir les feux verts, le son des klaxons, les gens qui traversent et le gargouillement de la cité. Le rouquin arrêta la voiture devant un pub à l'extérieur de bois rouge.

« Nous avons donné rendez-vous à un ami », expliqua Declan.

Il descendit sans un mot et entra dans le bar. Il ressortit quelques minutes plus tard en tirant un type par le bras.

Elisabeth ouvrit la portière et le type prit place à côté d'elle. Stiofán ne comprenait pas encore. L'homme sentait l'alcool et ses vêtements empestaient le tabac. Le silence de la voiture était pesant. Stiofán eut le sentiment qu'un drame se nouait. Declan sortit de la ville et stoppa l'auto dans un petit chemin forestier, en retrait de la grand-route. Tous descendirent et l'homme se retrouva bientôt encerclé par les autres. Stiofán crut alors qu'il allait assister à une exécution. Il resta légèrement en arrière, à côté de Declan, pas trop cependant, car il ne voulait pas donner l'impression de s'isoler. Il fixa le condamné. Il présentait un visage résigné et pivotait sur lui même en essayant de croiser un regard qui lui donnerait un peu d'espoir. Declan alluma une cigarette, tira quelques bouffées successives et jeta le mégot. Le vent ébouriffait ses cheveux et faisait voler sa mèche qu'il s'efforçait, en vain, de remettre en place. Il retourna à la voiture et revint avec un démonte-pneu qu'il faisait rebondir dans la paume de sa main gauche. Les yeux de l'homme avait trouvé sur quoi se poser. Son corps se raidit. Declan s'approcha de lui.

« J'ai laissé les portières ouvertes parce que ça empeste la bière. »

L'homme avala sa salive et répondit faiblement :

« Tu te trompes, je… »

Il n'eut pas le temps de finir sa phrase. Declan fit un pas de côté et le frappa violemment au niveau de l'estomac avec le démonte-pneu. L'homme se plia dans un cri sourd. Stiofán serrait les dents. Les deux autres ne bougeaient pas.

« Quand je parle, tu fermes ta gueule, compris ? Tu parles trop, beaucoup trop. J'ai entendu parler de tes causeries de comptoir.

En plus, tu nous as fait faux bond la dernière fois qu'on a eu besoin de toi. »

L'autre releva péniblement la tête.

« Je peux t'expliquer…

— Ta gueule », hurla Declan. Et le démonte-pneu s'abattit sur sa rotule. L'homme s'écroula comme frappé par la foudre. À présent, il gisait sur le ventre. Declan s'accroupit et lui cria :

« Combien de fois tu comptes nous faire le coup ? »

L'homme remua légèrement. Aussitôt, Elisabeth fondit sur lui et le tira violemment par les cheveux.

« Et lève la tête quand on te parle. Tu n'as donc aucune fierté ? »

Declan regarda l'homme dans les yeux. Le pauvre type avait de la boue collée au visage. Il le gifla.

« Elle t'a posé une question. Réponds. »

Le cou tendu, la tête tiré vers l'arrière, il eut du mal à articuler sa réponse.

D'une voix âpre, il parvint à murmurer.

« Je veux décrocher. »

Toujours accroupi, Declan lâcha son démonte-pneu, et alluma une cigarette.

« On a déjà eu cette conversation une fois. Je te le dis une dernière fois. Ou tu es avec nous, ou tu es avec eux. Si tu es avec eux, tu deviens une cible légitime. »

Il aspira la fumée. L'autre le regardait, le visage en sueur, les deux yeux grands ouverts.

« Et je te promets qu'on t'éliminera comme un de ces pourris en uniforme, lui cria-t-il. » Et il lui écrasa le mégot ardent sur le front. L'homme se tordit de douleur.

« Aujourd'hui, c'est seulement le genou. La prochaine fois, ce sera la tête. »

Il marqua une pause et fit signe à James. James s'approcha en sortant un revolver muni d'un silencieux.

« Stiofán, tu lui immobilises le haut du corps. Nous, on lui maintient la jambe. »

Stiofán hésita une seconde et, sans réfléchir, s'exécuta. Il sentit le pauvre type qui essayait d'échapper à son sort en se tortillant dans un cri. James s'approcha et colla le canon de l'arme à la jointure du genou. Stiofán ferma les yeux quand le coup fut tiré. La détonation lui arracha le cœur. L'homme poussa un hurlement. Son corps se convulsa. Ils le lâchèrent enfin, le laissant sur le sol humide comme un ver de terre sur du goudron.

« Ça suffit, on s'en va. On s'arrêtera à la prochaine cabine pour prévenir une ambulance. »

Tous s'engouffrèrent dans la R 16, abandonnant le type du bar au milieu du sentier. Declan avait oublié le démonte-pneu qui gisait un peu plus loin sur le sentier.

De retour à la ferme, Stiofán s'installa à la fenêtre pour observer la nuit. Une nuit noire à la lune cachée. Il voyait le type du bar, son visage de condamné sans recours, son corps recroquevillé, la pluie qui avait commencé de tomber quand ils l'avaient quitté. Dans la petite chambre, la nuit avait posé ses ombres, ses angoisses, ses cafards et ses pensées secrètes. Un souffle d'air frais s'éparpilla dans l'obscurité et la lune apparut derrière les nuages, couchant un rayon de lumière blanche sur la table de bois. Elle avait repris sa place audessus des arbres, augmentée d'un quartier. Peut-être qu'un jour aussi, l'homme du bar avait prêté serment pour s'engager corps et âme dans ce combat… Avait-il trahi la Cause ? Et Declan, avait-il agi sur ordre, sans réfléchir à ce qu'il faisait ?

« Est-ce que, moi aussi, un jour, je faillirai à mon devoir ? Quelles seront les raisons ? Serai-je bastonné un soir d'été, au bord d'une route où personne ne s'arrête ? Ces questions ne devraient pas avoir de sens puisque j'ai choisi cette vie … Pourquoi Declan m'a-t-il convié à cette démonstration ? Voulait-il me rappeler que ma vie doit désormais être l'IRA, et rien d'autre ? Aujourd'hui, j'ai participé au lynchage d'un homme. Je suis complice de l'absurde et, soudain, je me dégoûte. Je ne croyais pas que mon combat pût ressembler à ça. »

XIV

Ce soir-là, l'eau était noire, couleur de son âme. Où chercher un homme qui a largué les amarres, qui s'est détaché d'une ville, ne laissant derrière lui que des fragments de passé ?

Stiofán avait été quelque temps chômeur, elle le savait. Elle s'était donc rendue au bureau du chômage où elle pensait qu'on lui donnerait une adresse. L'homme derrière le guichet lui avait dit pèle-mêle : « Mademoiselle, il est interdit de fournir au public des informations sur une personne ; ce n'est pas un bureau de renseignements, ici » et avait questionné :

« Êtes-vous de la famille ? »

Sinéad avait répondu non, mais avait insisté, demandé une minute pour lui expliquer que le public dont il parlait, ce n'était pas elle… L'homme l'avait interrompue, péremptoire :

« Je suis désolé, mademoiselle, je ne peux rien pour vous. »

Puis il avait fait mine de remettre de l'ordre dans quelques papiers en attendant la personne suivante. Sinéad était rentrée, les yeux à fleur de trottoir. Ce soir-là, l'eau était noire, sombre comme son âme. Elle avait réalisé qu'elle ne savait rien de Stiofán, de son quotidien, des endroits où il allait, de ses amis. Elle ne connaissait que ses rêves. Ils avaient passé trois mois ensemble dans un repli d'univers, à construire et défaire des mondes éphémères à l'image de leurs rêves. Aujourd'hui, Sinéad était collée à la terre, ses pieds traînaient des boulets. La vie telle qu'elle était avec ses contraintes, ses obligations, ses désespoirs, ses tunnels noirs lui serrait le cou dans un étau. Elle ferma les yeux. Comment faire alors ? Attendre ? Attendre comme cet homme long et voûté, debout au coin d'une rue, la bouche édentée, la veste fripée, le pantalon trop court à l'ourlet défait, aux bords effilochés ? Lui, sa vie ne tenait plus qu'à un fil. À ce fil qu'il faisait glisser entre ses doigts du matin au soir. Ce fil était devenu son unique lien à la vie. Il était là, tous les jours, sur ce trottoir de ville où, un matin peut-être, avait eu lieu un adieu qu'il avait cru provisoire. Peut-être que, lui aussi, avait essayé en vain de chercher un être cher ? Alors, vaincu par le temps, il s'était résolu à occuper à jamais ce bout de bitume. L'être cher, l'absent, repasserait un jour et tout serait comme avant.

Sinéad rouvrit les yeux et chassa l'image du pauvre homme. Dehors, les réverbères venaient de s'allumer et une flaque orangée colora les murs de sa chambre. Elle posa son visage dans ce berceau. Juste un instant. Elle trouvait bon de se laisser envahir par cette lumière.

« Qu'est-ce que je fais maintenant ? »

Manger. Elle ouvrit la porte du frigo. Elle découvrit le spectacle des étagères blanches et vides. Sinéad attrapa sa veste et descendit en ville. Elle acheta un poisson pané avec des frites mouillé au vinaigre blanc, enroulé dans trois ou quatre feuilles de papier gris. Elle mangea en marchant vers le centre. Elle essayait de se souvenir des lieux que Stiofán avait pu mentionner. Il avait, un jour, parlé d'un pub, mais elle en avait oublié le nom. Elle regardait les vitrines allumées, plus attirée par la clarté que par les articles exposés. En passant devant une librairie, son regard s'arrêta sur un poster où s'alignaient les portraits de poètes et écrivains irlandais. Une pièce de son puzzle apparut limpide et logique. Elle se souvint que Stiofán lui avait parlé d'un pub qu'il fréquentait où on pouvait voir, accrochés aux murs, une galerie représentant les grands penseurs irlandais. Elle regarda sa montre. Vingt-et-une heures trente. Elle avait encore deux heures pour faire le tour des pubs du centre-ville. Elle jeta le papier gris aux larges taches de graisse dans une poubelle et se dirigea vers Paddy's Bar qui était le pub le plus proche. Elle entra et n'y découvrit que des murs jaunes, couverts de photos d'équipes de rugby. Elle remarqua aussi un maillot noir qui était dans un cadre sous verre. Elle pensa que c'était celui d'un arbitre dépecé après un match. Elle sortit. La pièce de puzzle était toujours aussi limpide. Elle continua avec optimisme : Flaherty's, West Inn, O'Brien's, Pat Byrne's... Sineád se faufilait entre les rires et les pintes, les buveurs bruyants, les jeunes, la musique, la fumée et les hommes à l'estomac gonflé qui, dans la foule serrée des comptoirs, en profitaient pour frotter doucement leur pénis dans son dos. Cela dura deux heures. Courir les rues, les pubs sans même s'y arrêter, l'avait épuisée. Elle se sentait vide, comme si un insecte lui avait pompé toute son énergie. Onze heures trente.

« Onze heures trente. Je rentre chez moi, je continuerai demain. »

La pluie se mit à tomber. O'Connell street était déserte. Sineád avait perdu son optimisme. Peut-être que ce bar ne se trouvait même pas à Limerick. Ses yeux se fixèrent mollement sur l'enseigne lumineuse « Guinness » d'un pub. Elle poussa la porte, machinalement, pensant qu'à cette heure, il serait fermé de l'extérieur. Elle avait envie d'une bière avant d'aller dormir. La porte n'était pas fermée. À l'intérieur, il y avait du monde, mais la salle n'était pas bondée. Un orchestre de musique traditionnelle jouait dans un coin et le bruit des conversations n'était qu'un brouhaha presque feutré. La première chose qu'elle remarqua en descendant les marches fut le Tricolore au plafond. Elle eut l'impression de s'enfoncer dans un autre univers. Elle commanda un verre de Smithwicks. Les consommateurs présents ne prêtaient aucune attention à elle.

Quelques-uns conversaient en gaélique. Le barman, un jeune homme blond, le visage en bourgeon, la servit puis ramassa quelques verres vides sur le comptoir. Sinéad inspecta les murs du bar. Elle remarqua bien des cadres, mais, avec la lumière tamisée, on distinguait mal ce qu'ils renfermaient. Elle appela le jeune serveur.

« Dites-moi, avez-vous une galerie de portraits représentant les écrivains irlandais ?

— Oui, mademoiselle. Ils y sont tous. »

Sineád but son verre d'un trait et commanda une pinte. Le garçon la lui apporta. Elle prit sa pinte et entreprit de faire le tour de cette fameuse galerie. Elle s'arrêta devant chaque portrait en se disant, qu'un jour, Stiofán aussi, s'y était attardé. Oscar Wilde, Beckett, G.B. Shaw, Yeats, Sean O'Casey, James Joyce… Elle choisit une table dans un coin sombre, près des musiciens qui rangeaient leurs instruments. Au-dessus d'elle, un portrait d'Oscar Wilde avec son nœud tombant et la raie au milieu de ses cheveux gominés. Elle but tranquillement sa bière en regardant les consommateurs quitter le bar. À minuit et demi, elle était seule dans la salle. Le jeune homme, qui passait un coup d'éponge sur la table, fut surpris de la voir encore attablée.

« Mademoiselle, le bar est fermé. Je suis désolé, mais je dois vous mettre à la porte. »

Sinéad ne répondit pas tout de suite. Au lieu de continuer son travail, le jeune homme resta planté devant elle, son chiffon à la main.

« Je cherche quelqu'un.

— Mademoiselle, vous voyez bien que le bar est vide. Il n'y a plus personne, sauf vous. »

Son chiffon à la main, il décrivit un arc de cercle pour illustrer son propos.

Sinéad s'impatienta.

« Vous êtes donc tout seul ici ?

— Non, Seamus doit être en train de faire la caisse. Seamus, c'est le patron. Vous voulez lui parler ?

— C'est ça, allez le chercher. Dites-lui que c'est très important. »

Sineád attendit. Le ventilateur continuait de brasser l'air enfumé de la salle. Le pub ressemblait à un terrain vague où personne ne serait venu depuis des années. Quelqu'un avait oublié un blouson sur une banquette, les tables disparaissaient sous les verres de toute taille, les cendriers étaient pleins. Sinéad imagina Seamus.

Elle le voyait grand, les cheveux roux, avec une gourmette au poignet et une chevalière au doigt. Elle s'imagina en train de le remercier pour tout ce qu'il lui avait dit. L'espace d'une seconde, elle se vit à la porte, lui disant « Tant pis », pendant qu'il la refermait. Du bruit en provenance de l'entrée la tira de sa rêverie. Elle vit le jeune serveur sortir en poussant son vélo. Il lui fit un petit signe puis disparut. Le bar fut soudain plongé dans l'obscurité. Seule la lampe au-dessus d'Oscar et celle du comptoir restaient allumées. Elle vit alors Seamus qui arrivait avec deux pintes. Il les posa sur la table et s'assit.

« Vous vouliez me parler ?

— Je m'appelle Sinéad, commença-t-elle, pour voir si ce prénom allait lui faire comprendre le pourquoi de sa visite. »

Seamus ne fit aucun rapprochement et attendit la suite. Sineád se racla doucement la gorge et lâcha brut :

« Je cherche Stiofán, disparu sans laisser d'adresse. Je sais qu'il venait souvent ici. Est-ce que vous savez où il est ? Vous êtes mon seul espoir. »

Seamus remua un peu sur son siège. Il se souvenait du jour où Stiofán lui avait parlé d'elle.

« J'ai trouvé un amour sur un pont… » lui avait-il dit.

Ses yeux furent dans le vague pendant quelques secondes et Sinéad s'en aperçut. Il fut un moment tenté de lui dire ce qu'il savait mais se ravisa. Stiofán avait choisi de rester à Belfast pour servir la Cause et il n'avait par conséquent pas le droit de donner d'informations à cette inconnue.

« C'est vrai, il venait assez souvent ici, mais de là à vous dire ce qu'il fait maintenant… »

Sinéad se liquéfia.

« Vous ne savez pas où il est ? »

Son désarroi était si grand qu'elle ne put se résoudre à cette réponse. Elle avait l'intime conviction qu'il en savait beaucoup plus long qu'il ne voulait en dire. Elle décida donc de passer à l'attaque.

« Vous mentez ! Stiofán vous a parlé de moi. J'ai bien vu tout à l'heure comment vous avez réagi quand je vous ai dit mon nom. Allez, avouez ! C'est lui qui vous a dit de ne rien me dire ? Allez, dites-le moi. »

Elle s'était levée, les deux mains sur la table en appui sur les doigts, prête à bondir, à griffer.

« Je vous assure qu'il ne m'a rien dit. Je sais seulement qu'il ne vient plus ici, c'est tout.

— Vous mentez ! Vous ne voulez pas m'aider, c'est ça ? Vous l'aurez voulu ! »

Avant que Seamus ait pu esquisser le moindre geste, elle renversa la table. Le bruit aurait pu être couvert par la moquette si un verre n'était pas tombé sur l'autre. Seamus se ressaisit et entreprit de stopper cette furie. Il bondit de sa chaise, mais Sinéad courait déjà vers le comptoir. Elle renversait tout ce qu'elle trouvait sur son passage en poussant des cris. Seamus pensait que, si elle n'arrêtait pas, la Gardá ne tarderait pas à enfoncer la porte du bar. Sineád prit deux bouteilles qui traînaient sur le zinc et les balança en direction de Seamus. Il en évita une, mais la deuxième lui heurta violemment le genou. Fauché dans sa course, il tomba. Il était surpris de la force avec laquelle Sinéad avait lancé les bouteilles. Il se releva en boitant. Sinéad avait pris deux autres bouteilles et se tenait derrière le comptoir.

« Maintenant, ou vous m'aidez, ou je balance ces deux bouteilles à travers les vitres et je mets le reste de vos étagères en morceaux. Je vous jure que les flics seront là dans les trois minutes. Je leur dirai que vous avez voulu me violer. »

Seamus voyait bien qu'elle ne plaisantait pas et qu'il courait droit vers les gros ennuis si la police débarquait. Il baissa les bras.

« OK. On peut discuter. »

Il voulut s'approcher, mais Sinéad lui conseilla de rester à distance. Elle sortit de derrière le bar et s'appuya, dos au zinc. Elle lâcha ses bouteilles qui tombèrent sur la moquette.

« Vous voulez bien m'aider ? » demanda-t-elle d'une voix à peine audible.

Elle se laissa glisser le long du comptoir et se retrouva par terre entre deux tabourets. Elle pleurait tout bas. Seamus s'approcha d'elle. Il ne put s'accroupir à cause de son genou douloureux.

« Je vais vous donner deux informations que je ne devrais pas vous donner. Mais vous me rappelez une femme, ma femme. Elle aussi a glissé et est tombée à terre. Elle est morte, vous êtes vivante… » Tout en continuant de parler, il lui griffonna une adresse sur un papier.

« Voilà l'adresse de la mère de Stiofán. Je connais seulement la rue. Quant à Stiofán, il est quelque part en Irlande du Nord, probablement à Belfast. Cherchez-le, ramenez-le, faites ce que vous voulez, mais, à présent, partez. »

Sineád prit le papier que Seamus lui tendait puis se releva.

Elle le remercia et lui dit que cela resterait entre eux. Quand elle se retrouva dans la rue, la pluie tombait serrée.

« J'irai à Belfast, je percerai ton mystère. Je te chercherai puisque je suis vivante. »

XV

Une femme qui pleure, une femme qui meurt. Les femmes qui souffrent se ressemblent toutes. Des visages de larmes, des sillons sur de la terre brûlée. Des yeux immenses, derrière lesquels défilent les images de drames ou de désespoir. Les femmes qui souffrent tombent à terre pour retrouver les cendres.

Accoudé au comptoir, Seamus apercevait son visage entre les bouteilles soigneusement alignées sur l'étagère. Toutes ces digues, tous ces barrages érigés en forme d'hymne à la vie qui continue, venaient de céder à la vision d'une femme. La vision d'une femme.

Il se versa un long whiskey et se prépara à laisser monter la marée de ses souvenirs. Il vit d'abord un pays en guerre avec une foule qui marche pour la paix.

« Ma vie et mon avenir d'homme se sont arrêtés quelque part entre Belfast et Derry. Une marche de la paix, dans les premiers jours de janvier 69, dispersée par des unionistes, sous l'œil bienveillant de la police. Jets de pierre et de bouteilles, puis, par centaines, des bras armés de barres de fer. Attaquez ! Frappez ! Bâtonnez ! Ensanglantez ! »

Une femme se plie. Ils tombent. « Ils », c'est une femme, avec en elle, une ébauche de vie, encore cachée, perceptible par son seul corps. Trois semaines à vivre pour tous les deux. Des séquelles fatales. Quand ses yeux se fermèrent pour l'éternité, son aurore intérieure chercha désespérément la vie dans ce soudain désert, sec et aride. Il étouffait. Il étouffa.

Ce jour-là, Seamus perdit deux vies. Il n'avait plus que la sienne avec sa pénombre et ses angoisses glacées. Avec le temps qui passe et qui laisse juste assez de poussière à la surface de la douleur pour qu'elle soit supportable. Il suffit pourtant d'un souffle…

XVI

Depuis quelques jours, il n'avait pas plu et le temps était chaud. La boue du chemin s'était changée en croûte de terre fissurée et l'herbe avait jauni par endroits. Stiofán n'allait plus dans les tourbières. Il profitait du beau temps pour donner un coup de peinture à la ferme. Les soirées étaient agréables quand le vent de la mer commençait à rafraîchir la campagne. Ce soir-là, Ciaran était à la ferme. Il trouva Stiofán, Finbar et Muireann assis autour de la table de la cuisine qu'ils avaient sortie pour profiter de la douceur du soir. Déjà, le jour déclinait et les rayons mourants du soleil rougissaient les nuages. Il était venu rendre visite au vieux couple et avait également apporté une lettre en provenance de Limerick, arrivée le matin même. Stiofán reconnut tout de suite l'écriture de sa mère et se reprocha de ne plus lui avoir écrit. Il la mit dans la poche extérieure de sa chemise. Il la lirait plus tard, dans le calme. Cette lettre fut l'occasion de parler de Limerick, la ville et le comté. Finbar y était allé deux ou trois fois avec sa grand-mère quand il était enfant.

« Voyez-vous, ma grand-mère était de là-bas. Elle me racontait toujours des contes qui se passaient quelque part dans le comté. Athea, Rathkeale, Dromcolliher… Tous ces noms évoquaient pour moi des mondes merveilleux, inquiétants ou mystérieux. Alors, plusieurs fois, je suis allé à leur rencontre. Je passais mes journées dans la campagne à la recherche de quelques ruines ou sentiers longeant les bois. Je m'attendais à l'extraordinaire, attentif au moindre bruit, au moindre cri. Ces rêves d'enfant étaient beaux, soupira-t-il. Y croire était déjà frôler le bonheur. Je connais, encore aujourd'hui, toutes les histoires que ma grand-mère m'a racontées. »

Stiofán et Ciaran avaient écouté le court récit avec attention, tandis que Muireann n'y avait prêté qu'une oreille distraite, s'occupant plutôt de son tricot. Le vieux paysan se leva et alla à la cuisine. Il en revint avec une bouteille et quatre verres.

« Du Poitín… Fait maison. Ce n'est pas tous les jours que nous avons des invités. »

Et il commença à remplir les verres.

« Pas pour moi, tu le sais bien, fit Muireann. J'ai horreur de cette eau de feu. Je vais me faire du thé. »

Les trois hommes burent.

« Qu'est-ce qu'on ne fait pas avec des pommes de terre, dit Finbar d'un air satisfait. »

Il avait les yeux brillants et semblait attendre quelque chose. En fait, il voulait raconter une de ses histoires. Ciaran le savait. Il savait aussi que le vieux ne dirait rien tant qu'on ne le lui demanderait pas, c'était la tradition. Ciaran lança un petit clin d'œil à

Stiofán. Muireann qui revenait avec son thé l'aperçut et s'en amusa. Stiofán ne comprenait pas.

« Bon, ce n'est pas tout. J'ai apporté le journal et je voulais vous lire les nouvelles, commença le curé.

— Ha oui, les nouvelles, dit Finbar un peu déçu.

— À moins que … J'ai peut-être une autre idée. Si vous nous racontiez une de vos vieilles histoires ? »

Le regard de Finbar s'illumina, mais il voulait se faire un peu prier.

« Oh, j'ai peur de vous ennuyer.

— Au contraire, ça nous ferait plaisir, n'est-ce pas Stiofán ?

— Tout à fait. »

Muireann en rajouta.

« Tu vois bien qu'ils n'attendent que ça… »

Le vieux se résigna donc.

« C'est bon. Pour vous faire plaisir, je vais vous en raconter une. »

Muireann sourit et reprit son tricot.

« Tiens, puisque nous avons Stiofán je vais vous raconter un conte qui vient du comté de Limerick. Connaissez-vous celui qui s'intitule *La Messe de minuit* ? » Stiofán et le prêtre firent signe que non. Alors, le vieux paysan commença. Sa voix se fit chaude et il parla un peu plus bas comme pour captiver et forcer l'attention :

« Je vais vous raconter une chose étrange qui s'est passée dans le vieux cimetière de Ranasaer. Une partie de la vieille église y est toujours debout. Autrefois, les gens disaient que, parfois, la nuit, on pouvait apercevoir une lumière. Bien sûr, tout le monde avait peur de ce que cela cachait et personne n'osait s'en approcher à la nuit tombée. Tard, une nuit de pleine lune, un étranger vint à passer. Il était de Dromcolliher et revenait de Rathkeale. Il ne savait rien de ces histoires qu'on racontait sur l'église. Soudain, il vit une lumière qui dansait sur les ruines. Surpris, il s'arrêta pour regarder. Quand il vit que les ruines abritaient un cimetière, il pensa qu'il avait à faire à des pilleurs de tombes et se dit qu'il devrait jeter un coup d'œil. Il s'approcha des ruines. Tout était calme. Il y avait seulement cette lumière qui, cette fois, venait de l'intérieur de l'église en ruines. L'étranger regarda par l'une des fenêtres encore en état et vit deux cierges qui éclairaient faiblement l'autel. Il aperçut également la silhouette d'un prêtre en habits de prêche. Il ne comprenait pas ce qui se passait. Le prêtre se tourna alors vers lui et dit :

» Y-a-t-il quelqu'un qui veuille entendre ma messe ?

L'homme se dit que c'était là une heure et un endroit bien étranges pour dire une messe, mais pensa que c'était peut-être tradition que de dire, de temps en temps, une messe à l'intérieur de l'une de ces ruines, vestiges de vieilles églises jadis brûlées par les Anglais. Il déclara donc au prêtre qu'il était prêt à servir la messe. Alors, le prêtre dit la messe et l'homme la servit. Une fois la messe dite, le prêtre regarda l'homme et lui dit :

» Maintenant, je vais pouvoir reposer en paix. Une fois par an, depuis deux cents ans, je reviens ici et je cherche quelqu'un qui réponde à ma messe. Je faisais jadis partie d'un ordre religieux où chaque prêtre avait à dire un certain nombre de messes. Quand les soldats sont venus nous massacrer, il m'en restait une. Tous les prêtres qui avaient accompli leur devoir allèrent au paradis. Je n'eus pas droit au repos éternel. Je ne pouvais aller au paradis tant que je n'avais pas dit cette messe en présence d'un humain comme témoin. C'est à présent chose faite. Je te remercie infiniment. Va ton chemin en paix.

Et le prêtre bénit l'étranger. Ce dernier se releva et dit :

» Merci à vous, mon Père, et Dieu vous garde.

Puis il partit. Une fois sur la route, il se retourna. Il n'y avait plus une trace ni de la lumière ni du prêtre. Seulement la lune qui brillait sur les vieilles ruines. »

* *

Assis sur sa chaise, les pieds sur le rebord de la fenêtre, Stiofán cherchait des yeux des visages connus qui se seraient perdus en haut d'une branche d'étoile. Le mur où il gravait ses pensées en mots uniques n'était pas éclairé par la lune. Peu importait. Il les connaissait tous. Deux prénoms, deux colonnes, deux vies séparées par un trait frontière. AUBE / CRÉPUSCULE achevaient ses réflexions, avec en-dessous, à cheval sur les deux : FUSIONS DES SOUFFLES.

Il repensa au conte de Finbar. Un homme qui revient sur le lieu de sa mort pour faire son devoir… Étrange que le vieux paysan ait justement choisi ce conte. Les paysans ont toujours de drôles d'histoires où se mêlent réel et fantastique sans que l'on puisse parfaitement en délimiter les contours.

Il tâta ses poches à la recherche de son paquet de cigarettes. Il le tira de la poche de sa chemise et ses doigts agrippèrent en même temps l'enveloppe que Ciaran lui avait remise. Il l'avait oubliée. Il la tint devant ses yeux pour la voir à travers les rayons de lune. La lettre semblait longue, longue comme la peine d'une mère sur un radeau, au milieu des vagues de vie déchaînées. Il s'installa sur le rebord de la fenêtre pour lire à la lumière de l'astre. Il alluma une cigarette et commença :

« Mon fils,

Où cette lettre te trouvera-t-elle ? D'ailleurs, la liras-tu un jour ? En tout cas, ces mots auront été écrits pour toi et envoyés vers ta nouvelle vie.

J'attends maintenant depuis de longs mois que le facteur m'apporte de tes nouvelles, mais la boîte reste désespérément vide. Ne crois pas que je t'en veuille ou que j'attende de toi des explications. Non. J'attends seulement, ne serait-ce qu'une phrase de toi, pour que je sache que tu existes toujours sur cette terre. Je lis chaque jour les nouvelles concernant Belfast car je sais que, là-bas, une vie est bien vite volée et j'appréhende de lire un entrefilet en forme de fait divers où ton nom figurerait sous le titre “Un catholique tué à Belfast”. Rassure-moi vite, s’il te plaît.

Ici, la vie continue. Je vois toujours des gens mourir ou survivre. Je travaille beaucoup. Je regarde et je parle à ceux qui attendent de moi le miracle, la parole qui donne l’espoir, le geste qui leur fait penser : “Alors oui, je suis toujours en vie. Vous êtes là, vous me voyez, vous me dites des mots sincères. Je ne suis pas seul, j’existe.”

D’autres sont déjà morts dans leur tête avant leur arrivée. Je m’occupe alors de leur enveloppe de corps qui n’en finit plus d’être rongé. Ceux-là ne disent rien, ne se plaignent pas, ont souvent les yeux baissés, ou regardent de temps en temps par la fenêtre pour voir, au loin, cette vie dont il ne font plus partie, qui s’éloigne un peu plus chaque jour.

C’est dur de travailler avec des gens en partance, mais je m’accroche. Je pense à toi, à tes mots, et cela me donne du courage. Mais ta voix me semble parfois lointaine… C’est pourquoi une phrase, une seule de toi me suffirait à me redonner tout le courage dont j’ai besoin. Je sais que tu penses à moi, mais je n’arrive pas à m’en contenter.

Une autre femme semble te chercher. Elle a laissé plusieurs messages. Je l’ai finalement vue hier. Elle a voulu savoir où tu étais. Je lui ai simplement dit que tu étais parti. Elle a insisté pour savoir où. Je lui ai dit que je ne savais pas. Alors, elle est partie en me disant qu’elle repasserait.

Encore une chose. Depuis notre départ de Belfast, je ne suis jamais retournée à Milltown où est enterré ton père. Si tu en as le courage, tu pourrais y aller et déposer une rose pour moi. Voilà mon enfant, cette lettre m’a permis de me sentir plus proche de toi. Fais mes amitiés à Ciaran. Sois bien prudent.

Je t’embrasse.
Ta maman qui t’aime. »

Stiofán balança son mégot et regarda la nuit. Des nuages passèrent et emportèrent la lune. Il fit le point. Sa mère survivait, Sinéad l'aimait, là-bas, à une corde de harpe. Lui aussi voyait des gens survivre ou mourir. Puis il pensa qu'il devait être heureux puisqu'il vivait une histoire d'amour.

XVII

La Toyota Carina break, fraîchement volée, filait en direction du centre. Dans la rue, les passants, nombreux sous le soleil, ondulaient sur les trottoirs, profitant de ces jours sans pluie. Stiofán conduisait, le visage lisse et serré, comme à chaque mission. À côté de lui, Declan sifflotait tout en vérifiant le matériel.

« Voilà, tout est en ordre. Il suffira de placer la mallette à l'endroit que tu as indiqué et le tour sera joué. »

La mallette à plat sur les genoux, il paraissait satisfait. D'ailleurs, il était toujours satisfait quand il était en service. Stiofán ne l'avait jamais vu en dehors des missions. Avec lui, ce n'était que voitures volées, terrains vagues, poursuites, sueur, angoisse et délivrance quand tout était terminé. Stiofán se sentait toujours mal à l'aise avec lui. Il savait que Declan était avant tout un soldat du jusqu'au-boutisme qui ferait n'importe quoi sur ordre supérieur. Il connaissait toutes les règles du jeu et les appliquait sans réfléchir puisqu'il les avait acceptées. Declan avait accepté ces règles quand il avait seize ans, après avoir été arrêté arbitrairement par une patrouille. Il se promenait en pensant aux yeux d'une femme. Deux policiers l'avaient poussé dans un fourgon, brisant sa rêverie. Il avait été gardé trois jours au poste sans qu'on lui fournisse aucune explication. Tout ce qu'on lui avait dit, c'était :

« S'il te prend l'envie de rejoindre ces salauds, tueurs d'honnêtes gens, voilà ce qui t'attend. »

Et on lui en avait donné un aperçu. Il y avait deux choses qu'il n'avait pas oubliées. La première avait été son arrivée au poste. Des policiers avaient uriné sur lui alors qu'il était à terre, incapable de bouger. La deuxième, c'était le petit jeu de la roulette russe. Quand 48 heures après, il était sorti, il n'avait plus qu'une envie : rejoindre l'IRA. C'était devenu une évidence. Il serait soldat de cette armée sans gloire ni héros. Il serait l'anonyme, accordeur de harpe entre injustice et liberté.

Stiofán éprouvait pour lui de la crainte et de l'admiration. De la crainte pour celui qui sonnait à n'importe quel moment et qui lui donnait l'ordre de le suivre, et de l'admiration pour celui qui ne pensait plus parce qu'il était convaincu de la justesse de ses actes. Stiofán réfléchissait toujours avant et pendant chaque mission. Il essayait de peser le pour et le contre, toujours à la recherche d'une justification immédiate. Et une question revenait de plus en plus souvent :

« Et si tout ça ne servait à rien ? »

Il retombait alors sur d'autres questions sans réponse.

« Que faire pour que la communauté catholique ne soit pas ignorée et humiliée ? Quelle sera ma vie si je ne lutte pas pour enfin en finir avec le passé ? Comment pourrais-je m'expliquer que je les ai laissés faire ?...

Au lieu de me concentrer sur cette mission, voilà à quoi je pense », se dit-il en accélérant pour avoir le feu vert. Declan se colla une cigarette entre les lèvres pour aussitôt la retirer.

« Ce n'est peut-être pas le moment, ricana-t-il, avec ce que j'ai sur les genoux. Je crois que je la fumerai plus tard. »

Après un court silence, il ajouta :

« Si jamais on se fait prendre avec ça, on est bon pour la prison à vie. »

Stiofán le regarda.

« Tu ne pourrais pas parler d'autre chose ?

— Moi, je ne me laisserai pas prendre vivant. J'en flinguerai le maximum avant de tirer ma révérence.

— Moi, ces trucs là, je n'y pense pas.

— Tu devrais. Parce que, quand le moment sera venu, il sera trop tard. »

Stiofán gara la voiture dans une petite rue près du centre.

« Bon, tu descends le premier. Avec mon costume de banquier et ton bleu de travail, on ferait une drôle de paire tous les deux. Rendez-vous dans très exactement vingt minutes. »

Leur destination finale, c'était Doors, un grand magasin du complexe commercial du centre-ville. La veille, Stiofán avait été en reconnaissance pour repérer les lieux et trouver une cache pour la mallette bourrée d'explosifs. Après avoir parcouru le magasin dans tous les sens, il avait finalement trouvé ce qu'il cherchait dans les toilettes de l'établissement, une cabine fermée de l'extérieur. Il suffirait de passer par-dessus la cloison et de déposer la mallette sur le réservoir de la chasse d'eau. Là, elle serait à l'abri des regards.

La foule était dense à cette heure. Des couples regardaient les vitrines des magasins dans la grande allée centrale. Des enfants couraient vers les marchands de glace en criant. Toutes les boutiques devant lesquelles passait Stiofán, présentaient au regard des passants, or, argent, étoffe et voyages vers les pays chauds. Des morceaux d'insouciance à consommer des yeux.

Sa musette en bandoulière, il traversa le long couloir du rêve à tous les prix. Quand il pénétra chez Doors, il se dirigea tout de suite vers les toilettes. En passant devant le rayon parfumerie, une fragrance sauvage et complice d'un corps lui fit penser à Sineád. Il continua sans s'arrêter et poussa la porte *Gents*. Trois hommes alignés, le nez en l'air, arrosaient le mur d'émail blanc.

Stiofán se joignit à eux, en prenant soin de ne pas croiser leur regard. Quand ils furent partis, il vérifia que les cabines étaient vides. Celle du milieu était, comme la veille, toujours fermée. Deux hommes entrèrent et prirent chacun une extrémité de la paroi blanche, pourvue sur toute sa largeur d'un long tuyau d'où coulait de l'eau en permanence pour chasser les lamentations urinaires des hommes qui suivent leur femme dans les magasins. Grâce au miroir au-dessus des lavabos, Stiofán pouvait les observer en se lavant les mains. Quand il fut de nouveau seul, il s'accroupit sous le lavabo collé à la première cabine et disposa quelques outils autour de lui. Il consulta sa montre. Declan devait arriver dans trois minutes. Un type, visiblement pressé, entra et s'enferma dans la dernière toilette. Stiofán poussa un soupir. Un peu de sueur mouillait son front. La veille, il était resté cinq minutes et vingt secondes, montre en main, sans que personne n'entre.

Declan entra avec un autre candidat au soulagement vésical. Stiofán fit couler de l'eau et tapota les tuyaux de sa clé. Le type à côté de Declan se trémoussa, reboutonna sa braguette et sortit. Declan se retourna et interrogea Stiofán du regard en montrant les cabines du doigt. La réponse lui vint de la chasse d'eau. L'homme déverrouilla la porte et se retrouva avec Declan aux lavabos. Tout en se savonnant les mains, il plissait les lèvres pour inspecter ses dents. À peine avait-il quitté les toilettes que Declan glissait la mallette sous la porte de la cabine fermée.

« À toi de jouer. Tu la places comme il faut et surtout, tu fais gaffe. Je t'attends à la voiture. »

Stiofán dut attendre encore quelques instants avant de pouvoir escalader la cloison. Heureusement, on ne pouvait voir la mallette de l'extérieur, à moins de se pencher. Il fut un instant tenté de la laisser comme ça et de partir. Il attendit finalement que l'homme parte et passa illico de l'autre côté. Il plaça soigneusement la mallette sur le réservoir de la chasse. Il s'arrêta une seconde, prêta l'oreille et, comme rien ne bougeait, il fit le chemin en sens inverse. Deux hommes entrèrent alors qu'il rassemblait ses outils. Il quitta les lieux rapidement et retrouva Declan à la voiture.

Assis sur le bord du trottoir, Declan fumait tranquillement. Il s'était changé et avait mis le costume dans un sac de sport.

« Alors, tout s'est bien passé ?

— Oui, répondit Stiofán, laconique.

— Bon, maintenant, il faut téléphoner. J'ai réglé l'engin sur dix-sept heures. Ils auront plus d'une heure et demie pour se remuer le cul. Il y a une cabine en face. Allez, on y va. On laisse la voiture, elle ne nous sert plus à rien. »

Il traversèrent la rue et s'engouffrèrent dans une cabine.

« Monnaie », fit Declan.

Stiofán fouilla dans ses poches et lui tendit une pièce. Declan décrocha le combiné, glissa la pièce dans la fente, attendit la tonalité et composa le numéro.

« Ça sonne occupé. »

Il recommença.

« Ça y est, ça sonne.

— ...

— Ici la cellule 12 de l'Armée républicaine irlandaise. Une bombe a été placée chez Doors, elle explosera très exactement à dix-sept heures. Si vous n'intervenez pas immédiatement, vous aurez la mort d'innocents sur la conscience. »

Et il raccrocha.

« Allez, on décampe. Direction le petit square. On va voir combien de temps il mettent pour réagir cette fois. Dès que ça commencera à bouger, on disparaîtra. »

Le square était comme tous les squares du monde, un endroit de soleil et de quiétude où les vieilles dames promènent gaillardement leurs dernières années et où des bambins à tricycle parcourent les allées du parc en criant leur jeunesse. Allongés près d'une haie de troènes, Declan et Stiofán surveillaient tous les bruits de la rue. Rien ne semblait bouger. Déjà trente-cinq minutes qu'ils avaient appelé et toujours rien. Declan commençait à s'impatienter tandis que Stiofán se voyait en noir, comme l'un de ces briseurs de vie.

« Tu vois, fit Declan en se levant, avec eux, c'est toujours la même chose. Ils attendent le dernier moment pour que, finalement, ça pète et qu'il y ait au moins des blessés. Le commissariat est à cinq minutes d'ici. Tu ne vas pas me dire qu'ils n'ont pas le temps. »

Il alluma une cigarette et ramena sa mèche en arrière.

« Ça risque de faire du grabuge s'ils ne font rien. »

Allongé sur le ventre, Stiofán arrachait de l'herbe par petite touffes. Son corps devait peser au moins une tonne. Une tonne d'anxiété et d'horreur. Il ne pouvait rien articuler. Declan jeta son mégot et tourna en rond en faisant de grands gestes de la main pour remettre sa mèche en place.

À quatre heures vingt-cinq, les premières sirènes se firent entendre. Il y eut un peu d'agitation puis un brouhaha allant crescendo. La foule se pigmenta d'uniformes et de casques lourds. Il y eut des coups de sifflet, des gens qui courent, des policiers qui gesticulent.

« Ils auront mis plus d'une heure aujourd'hui. Allez, on décroche. À propos, Stiofán, évite le curé, il a eu de la visite hier. OK ? Bye. »

Stiofán le regarda partir et prit la direction de Falls pour aller rendre visite à Ciaran. Le prêtre n'était pas là, mais la porte n'était pas fermée à clé. Stiofán entra et se rendit à la cuisine. Il sortit une bière et s'installa sur le canapé du salon.

« Plus de six mois que je suis revenu… Est-ce que ma vie a avancé ? Pourquoi est-ce que je n'écris plus ? Depuis ces mots gravés en vertical sur le mur de ma chambre de ferme, je n'ai plus rien écrit. Juste un mot à ma mère. Mes pensées ont-elles trouvé une traduction dans le quotidien ? Ou ne sont-elles devenues que des bourgeons pourrissants avant de pouvoir parvenir à maturité ? Tout dans ma tête est d'une extrême confusion. Mon crâne renferme une décharge où s'entassent pèle-mêle naissance, violence, absence, passion, absurdité et illusions. Ces plaies que j'étais venu guérir ne cessent de se rouvrir, toujours un peu plus profondes. J'avais rêvé d'un pont suspendu entre passé et futur, et j'ai l'impression de courir entre passé et néant. »

Une déflagration sourde et lointaine vint troubler ses songes. Il était cinq heures. Il tendit l'oreille et son cœur se mit à battre de plus en plus vite. Il se sentit oppressé.

« En quoi ai-je fait avancer la Cause et ma vie ? Est-ce qu'aujourd'hui, nous – l'Irlande et moi – nous sommes plus proches de la paix ? Comment justifier cet acte ? En ce moment, des hommes, des femmes et des enfants, tous innocents, sont transportés, blessés, traumatisés ou inconscients, vers les hôpitaux de la ville. Et Declan n'a sûrement aucun remords. Il ne se pose plus de questions. »

Six heures passées. Trois coups secs frappés à la porte le tirèrent du fatras de ses songes. Il alla ouvrir et se trouva nez à nez avec Declan. Ils soutinrent le regard de l'autre.

« Il y a une heure, je te disais de t'éloigner du curé... Qu'est-ce que tu fais là ? »

Stiofán s'effaça pour le laisser entrer.

« Je voulais regarder les informations de six heures pour voir s'ils parleraient de l'explosion. »

Declan enregistra la réponse sans commentaire.

« Alors, allume la télé, il est presque six heures et quart... »

Stiofán alluma la télé. Le journal touchait à sa fin.

« Je vous rappelle l'information de ce jour, si vous prenez notre journal en cours. L'explosion d'un engin placé dans les toilettes de chez Doors a fait un mort et une dizaine de blessés ainsi que d'importants dégâts matériels. Cet attentat a été revendiqué par l'IRA. Plus de précisions dans notre journal de la soirée. Météo, le temps se couvrira par l'ouest et... »

Stiofán coupa le poste et regarda Declan accoudé à la cheminée. Il passait la main dans ses cheveux.

« Ils ont trouvé le moyen d'avoir un mort, s'énerva-t-il en secouant la tête. Ces flics sont vraiment des ordures. Ça les arrange bien qu'il y ait une victime, ça alimente leur propagande.

— Mais, c'est nous qui l'avons tué. Sur ce coup-là, nous sommes responsables. »

Stiofán était effondré. Declan s'approcha de lui, l'air menaçant.

« Pauvre con ! C'est bien ce qu'il me semblait, tu ne comprends rien. Tu es complètement déconnecté de notre pays.

— Je comprends surtout qu'il y a des pauvres gens qui crèvent pour rien et que ce genre d'action ne mène nulle part, répondit Stiofán en tournant en rond dans la pièce.

— Stiofán, aboya Declan, ces bombes sont des questions claires posées au peuple. On leur demande "Voulez-vous que ça continue ? Voulez-vous de cette force d'occupation qui nous humilie ? Voulez-vous de l'injustice et de la mort ?" Non ? Alors que les Brits s'en aillent et nous laissent vivre en paix sur notre île et toute cette violence s'arrêtera. Si nous les laissons faire, nous ne serons jamais libres, jamais nous n'aurons la paix, tu comprends ça ? As-tu oublié ton père ? As-tu oublié le massacre des innocents entre 69 et 72 ?

— Je n'ai rien oublié du tout, seulement…

— Seulement quoi ? »

Declan fit face à Stiofán et le regarda dans les yeux.

« Mais qu'est-ce que tu croyais en revenant ici ? Tu croyais que les Anglais allaient partir d'un coup pour que meure ton passé et que tu puisses vivre normalement ? C'est la guerre ici. Et une guerre est toujours sale. Et n'oublie pas que nous, nous ne l'avons jamais voulue. On nous a forcés à nous défendre. »

Ciaran apparut soudain dans l'encadrement de la porte du salon et observa les deux garçons en silence. Declan avait saisi Stiofán au col.

« Alors, arrête de chialer sur les victimes. »

Stiofán le repoussa violemment. Ciaran décida d'intervenir avant que ça ne dégénère.

« Allons, cessez de vous disputer. »

Les deux se retournèrent. Ils avaient oublié où ils étaient.

« D'abord, qu'est-ce que vous faites chez moi ? »

Declan répondit agressivement.

« J'expliquais à ton protégé qu'ici, ce n'est pas un champ de bataille où on peut vaincre une armée dans un dernier combat au corps à corps. Ici, c'est la guerre de l'ombre. »

Et il se dirigea vers la porte d'entrée.

« À propos, j'étais venu te dire de te tenir à carreau. Les flics pourraient revenir. Si tu te fais pincer, je te conseille de tenir te langue. »

Et il claqua la porte.

« Qu'est-ce qui lui prend ? »

Stiofán lui raconta l'attentat, la mise en garde, la victime, les blessés. Ils s'assirent dans les fauteuils alors que la nuit se posait par petites touches sur les meubles du salon. Ciaran avait sorti son whiskey pour réchauffer Stiofán qui fumait cigarette sur cigarette. La corde de harpe lui semblait bien loin dans cette tourmente. Le vent semblait avoir changé. Aussi pour Ciaran. Lui qui n'avait pas rejoint l'IRA mais qui en faisait partie par la force des choses. Aujourd'hui, des jeunes qu'il avait aidés venaient chez lui, lui donner des ordres, des avertissements. Les jeunes devenaient de plus en plus durs à mesure que le conflit s'enlisait, faisant croître l'amertume d'un peuple estropié.

« Tu as déjà posé une bombe dans un magasin, Ciaran ? J'ai cru naïvement qu'il n'y aurait que des dégâts matériels. C'est ce que m'avait dit Declan. Maintenant, j'ai un mort et des blessés sur la conscience.

— Il te dira tout et n'importe quoi pour que tu fasses ce qu'ils veulent. Moi, j'ai été entraîné là-dedans sans qu'on me demande vraiment mon avis. Au début, et tu as connu ça, c'était le refuge des gamins perdus. Maintenant, les mêmes gamins me demandent de cacher des armes en transit. Au début, c'était pour "juste une fois", puis c'est devenu une habitude… Tu sais, j'ai vu cette génération désespérée grandir. Je suis devenu prêtre pour aider. Aider les autres et prendre Dieu à témoin. Je l'ai prié des nuits entières quand résonnaient les crépitements de la honte dans le lointain. Je n'ai guère été entendu, mais j'ai toujours la foi. D'ailleurs, un signe m'est parvenu…

— Qu'est-ce que tu veux dire ?

— Après tout, je peux bien te le dire. Dieu vient de me donner un enfant. »

Dans l'obscurité montante, les yeux de Stiofán apparurent comme des soucoupes brillantes.

« Vous ? Vous avez un enfant ?

— Oui, depuis hier, j'ai un fils. Né aux États-Unis… Vois-tu, je crois en Dieu parce que je crois en l'homme. Tu es choqué ?

— Non. Seulement surpris. Mais je suis content pour vous. Il est temps que Dieu vous donne quelque chose. »

La nuit s'était immiscée dans leur conversation. Des objets avaient disparu et il était impossible de lire sur les visages.

« Je vais quitter Belfast, l'Europe. Tu te rends compte, la police est venue chez moi hier… Ils cherchaient des armes. J'ai eu de la chance, il n'y avait rien dans la maison. J'ai comme l'impression que je ne vais plus servir à rien à l'IRA… Dieu sait ce qu'ils ont en tête.

— Je n'aurais jamais dû quitter Belfast. Je suis un déraciné. Je suis devenu poseur de bombes parce que je suis avant tout poseur de questions. Je ne les pose pas au peuple, mais à moi-même. L'IRA à visage humain… »

La nuit et le silence. La lune vint se nicher en haut de la vitre, éclairant des visages blafards.

XVIII

Au Sud, l'été avait tourné court. Les couleurs pâlissaient un peu plus chaque jour. Elles s'étaient écoulées dans les eaux sauvages, indomptées du Shannon sous l'effet de la pluie fine et continue des derniers jours. Seuls quelques fuchsias au bouquet pourpre, agrippés aux pierres noires des parapets, n'étaient pas encore empreints de grisaille. Pourtant, entre ciel et terre, tout était de nouveau achrome, et ce, pour de longs mois. Les mouettes à col noir tournoyaient comme dans une cage, tant les nuages étaient bas, et Sineád attendait. Elle se remémorait sa première conversation avec la mère de Stiofán. Elle avait été fort brève. Maureen avait été sur ses gardes, surprise par cette apparition inattendue. Elle n'avait rien dit, comme si elle avait voulu le protéger. Sinéad ne lui en avait pas voulu, mais s'était demandée pourquoi elle avait réagi de cette façon. Elle n'avait pas insisté et avait préféré attendre pour obtenir d'elle ce qu'elle voulait. Peut-être connaîtrait-elle bientôt la vérité car elle espérait bien que Maureen viendrait au rendez-vous qu'elle lui avait fixé dans une courte lettre, quelques lignes pour expliquer une rencontre, un amour, une esquisse de futur et le mélange de leurs rêves.

Alors, elle attendait là, assise sur un banc en face du Locke bar. Elle jeta un coup d'œil furtif à sa montre pour ne pas vraiment voir que l'heure du rendez-vous était déjà passée de quelques minutes.

« Juste un peu de retard », se rassura-t-elle.

Elle ferma les yeux et se laissa caresser le visage par les embruns, cachés dans les souffles du vent d'ouest. Elle se laissa envahir de pensées-espoir.

« Dès demain, je partirai pour Belfast. J'emporterai seulement un sac que je laisserai au fond d'un bus comme on laisse son passé. Je serai pour la première fois lovée au creux d'un rêve que je serai en train de réaliser. Je ne parlerai à personne. Je garderai mes mots pour notre première nuit, quand nous serons seuls et que nos deux corps ne seront séparés que par nos vêtements. Nos bouches se frôleront, puis s'ouvriront comme un sexe de femme qui donne naissance à une nouvelle vie. Nous serons étourdis par le souffle de l'autre, une ivresse brûlante mettra le feu en nous. Nous n'échangerons alors plus de mots mais des cris. Nos râles se mêleront et je serai heureuse de communier, dans un orgasme neuf, avec l'homme qui comprend mes rêves.

— Mademoiselle… »

Sinéad ouvrit les yeux et sursauta légèrement. Elle respira profondément pour que disparaisse la torpeur. Maureen était penchée vers elle dans un duffelcoat gris.

« Vous vous étiez endormie ?

— Non, j'avais seulement fermé les yeux en vous attendant.

— J'ai un peu de retard, excusez-moi.

— C'est sans importance puisque vous êtes là. »

Sineád se leva et prit Maureen dans ses bras.

« Merci, merci d'être venue. Vous êtes mon dernier espoir. Venez, nous allons marcher le long des quais. »

Elles traversèrent la rue et commencèrent leur promenade. Leurs pas faisaient crisser les cailloux. Elles marchèrent côte à côte, en silence. Ce silence n'était cependant pas gênant. Il installait juste une certaine complicité entre les deux femmes. Maureen emplissait ses poumons d'air humide. Elle prenait visiblement plaisir à cette promenade. De son côté, Sineád était impatiente, mais ne voulait rien précipiter.

« Ça fait longtemps que je ne me suis pas promenée ainsi, le long du fleuve. Vous savez, Sinéad, le bonheur tient parfois à peu de chose… Il m'a écrit. Oh, quelques lignes, juste un petit mot. Mais tout d'un coup, je l'ai vu là, près de moi. Il me souriait et m'encourageait. J'étais heureuse. Je le suis encore à cette seconde avec vous qui l'avez connu.

— Qu'est-ce qu'il a écrit ? Il va bien ? A-t-il parlé de moi ?

— Non, il n'a pas parlé de vous, mais il va bien. »

Sinéad fut déçue qu'il n'ait pas eu un mot pour elle. Maureen s'en aperçut et ajouta aussitôt :

« Vous savez, ce n'étaient que quelques lignes. Rien de plus. Et puis, il ne m'avait jamais parlé de vous avant, alors… Il vous garde comme on garde un secret. »

Sinéad sourit ; cette remarque lui semblait juste.

« Pourquoi est-il parti ? »

Maureen eut un geste vague.

« Sûrement pour les mêmes raisons qui ont fait que moi, il y a sept ans, j'ai quitté Belfast. »

Elle marqua une courte pause et acheva sa pensée.

« Pour en finir une bonne fois avec le passé. »

Sinéad marchait tête baissée. Elle se demandait de quel passé elle voulait parler.

« Vous comprenez, n'est-ce pas ? »

Sineád la regarda, un peu embarrassée.

« Oui… enfin…, non. Il ne m'a rien dit. »

Maureen s'arrêta net. Elle prit Sinéad par le bras et perdit ses yeux dans les siens.

« Alors, vous ne savez pas… murmura-t-elle.

— Non, je ne sais pas. Vous savez, on aime un homme, pas son passé. »

Soudain, elle dégagea son bras et se mit à crier ses mots.

« Et d'abord, qu'est-ce que je ne sais pas. C'est vrai, personne n'est fichu de parler sans faire de mystère. Enfin, est-il voleur, violeur, criminel, parricide ? »

Elle se tourna vers le fleuve et pleura.

« Calmez-vous voyons. Asseyons-nous sur ce banc, je vais tout vous dire. »

Sinéad écouta en silence l'histoire d'un début de vie qui se fondait dans le drame d'un peuple. Elle écouta et traduisit en images, les mots de Maureen. Son récit ne fut pas amer. Il eut la passion et l'autorité d'une vraie souffrance, sceau indélébile du destin. Maureen en fut elle-même surprise. Jamais avant, elle n'en avait parlé avec recul.

« Depuis qu'il est parti, j'essaie de prendre le bonheur au passage, dans sa fugacité et sa rareté. Il n'en est que plus intense. »

Elle prit la main de Sinéad.

« Voilà, vous savez tout. Je vous donne la seule adresse dont je dispose. Dites-lui que, là où il est, il se trompe. Dans cette guerre, il n'y aura, de toute façon, que des vaincus. Dites-lui aussi que, depuis son départ, j'ai réappris à vivre pour moi. J'espère qu'il reviendra un jour, peut-être avec vous ? Qui sait ? »

XIX

« L'Armée républicaine irlandaise est le représentant légal du peuple irlandais. Tous les volontaires sont et doivent se sentir en position de légitimité morale dans l'exécution des ordres donnés par le gouvernement légal. Ils forment l'armée légale et légitime de la République d'Irlande qui a été forcée à la clandestinité par des forces d'une écrasante supériorité. »

Stiofán relisait des extraits du *Green Book*, le *Livre vert* du mouvement que Seamus lui avait remis. Depuis Doors, il naviguait à vue entre toutes les questions qu'avait fait naître son geste. Il avait beau se dire que la guerre qu'il menait était belle puisqu'il s'agissait de libérer une terre et des hommes, il ne parvenait pas à saisir le sens de la mort arbitraire. Quand il marchait dans les rues, où chaque réverbère est susceptible de cacher un soldat, il se rendait compte de l'énormité des mâchoires de l'étau. Dans ces conditions, le terrorisme devenait le dernier degré de l'impuissance. Une impuissance d'autant plus criante quand tombent des innocents. Il se regardait dans la glace et se disait : « Je suis terroriste, donc je ne vaux rien. »

Et puis c'étaient les check-points, les passants en laisse, les récits d'arrestations sommaires... Et la rage le reprenait. L'IRA redevenait la seule planche de salut, le pont au-dessus des petits murs de la honte. La nuit pouvait alors revenir avec toutes ses questions. « Et si tout cela ne servait à rien ? Que faire d'autre ? » La boucle était bouclée et son cerveau était laminé comme cette tourbière qu'il avait passée le printemps à creuser avec sa longue bêche.

Entre ville-martyre protégée et ville de guerre occupée, Belfast respirait difficilement après une série d'attentats. Docteur Jack avait décidé de renouveler l'ordonnance, cette fois, en augmentant les doses. Le dopage sporadique faisait partie du traitement pour ce malade, maintenu artificiellement en vie depuis de longues années. De plus en plus de jeunes soldats promenaient leurs traits adolescents, les doigts crispés sur leurs armes.

Stiofán partageait ses journées entre la ferme, où il n'avait plus grand chose à faire, et la maison de Ciaran, malgré l'avertissement de Declan. La présence du prêtre le réconfortait, et il s'était surpris à assister à plusieurs de ses prêches. Il l'accompagnait aussi parfois dans ses visites aux familles en difficulté. Ciaran savait parler aux orphelins, aux sans emplois, aux familles mutilées. Il continuait d'organiser des clubs pour les jeunes sans repères. Stiofán rencontrait des gens sans haine qui ne parlaient jamais de mort mais de vie. Ciaran passait son temps parmi les hommes. Il avait trouvé sa voie.

Tous deux assis dans le salon, ils contemplaient les dégâts faits par les soldats lors d'une deuxième perquisition. Ces perquisitions, sans motifs apparents, qui faisaient de temps en temps l'ordinaire de la partie ouest de la ville. Cette fois, la maison de Ciaran avait eu droit à une fouille en règle ; une fouille qui ne laisse que moquettes arrachées, matelas éventrés, objet cassés.

Ciaran était en train d'en faire le récit à Stiofán.

« Ils ont même été dans l'église. J'ai essayé de les en empêcher, mais ça les a plutôt excités. Leur sergent m'a dégagé de la porte en m'écrasant les orteils d'un coup de crosse. Puis ils m'ont gardé plus d'une heure à l'intérieur pendant qu'ils fouillaient la maison.

— C'était quand ?

— Il y a trois jours. Je ne comprends pas. Je n'ai jamais eu de problèmes avant. Je ne sais pas ce que ça veut dire. »

À peine avait-il fini sa phrase qu'on frappait à l'entrée.

C'était Declan, accompagné d'Elisabeth, la guerrière, la redresseuse de torts des terrains vagues. Quand Declan aperçut Stiofán, il lui lança, goguenard :

« Tiens, tiens, tu es encore venu voir les informations ?

— Pourquoi faut-il que je sois là quand il vient faire son numéro », pensa Stiofán ?

Il eut envie de lui demander s'il était venu pour planifier l'assassinat d'un nourrisson unioniste ou d'une vieille dame grabataire de Shankill, mais s'abstint. Il se contenta de le saluer.

Mains dans les poches, Elisabeth transperça Ciaran du regard.

« Tu t'es abonné aux visites de flics, d'après ce que j'ai entendu ? Qu'est-ce qu'ils cherchaient ? »

Ciaran écarta les bras en signe d'ignorance.

« Ça doit faire partie de leur système.

— N'empêche qu'ils pourraient t'arrêter sans autre forme de procès au moindre détail suspect, renchérit Declan. Et tu sais ce qui t'attend ?

— J'en ai une vague idée. De toute façon, il est peu probable qu'il reviennent. Ils n'ont rien trouvé.

— Certes, admit Elisabeth. En tous cas, fais très attention. On reprendra contact avec toi.

— Quant à toi, Stiofán, compléta Declan, tu devrais nous écouter et retourner chez le paysan. En restant ici, tu risques d'avoir des problèmes. On vous rappelle qu'en cas d'arrestation, vous ne savez rien, vous n'avez rien vu, vous ne dites rien, vous ne signez rien.

— Il était inutile de vous déplacer pour nous dire cela, nous le savons déjà, répondit Ciaran, la voix pleine d'amertume. Et maintenant, vous sortez de ma maison. Immédiatement. »

Elisabeth sortit son pistolet et s'apprêta à menacer le curé. Declan l'arrêta.

« Ne va pas trop loin. On peut leur faire confiance. Ciaran est un peu énervé aujourd'hui. Allez viens, on s'en va.

— Et n'oubliez pas ce qu'on vous a dit, glapit-elle en rangeant son arme. »

La porte claqua. Ciaran avait le visage sombre. Il se sentait menacé par ceux à qui il avait tout donné.

« C'était de la mise en garde à peine déguisée.

— Qu'est-ce que vous comptez faire ?

— Que veux-tu que je fasse ? J'ai l'impression que la suite ne dépend pas de moi. Pour le moment, je vais rester avec mes paroissiens, puis quand tout ça se sera calmé, je partirai en Amérique m'occuper de mon enfant. »

Stiofán pensa à Sinéad et se dit que, eux aussi, pourraient avoir un enfant. Leur univers s'agrandirait d'une vie qui lui montrerait à coup sûr le chemin.

QUATRIÈME PARTIE

À visage humain

I

Un enfant assis dans l'océan, les bras tendus vers le vide de l'horizon. Un enfant de lacs, de landes rocheuses, de collines nuageuses. Un enfant à peau lunaire, grise et dure où se cachent des fleurs exotiques aux pourpres chauds, aux jaunes mûris aux racines du soleil et du vent. Une île avec un monde fracturée. Des villes du Sud, des villes du Nord.

Sinéad avait demandé quelques jours de congé à sa patronne et avait rassemblé ses quelques économies pour son voyage. Calée au fond d'un car pour Belfast, elle allait toucher l'endroit de la cassure du bout de son corps et de son esprit. Elle ne savait pas ce que cela représenterait pour elle, si cela changerait sa vie ou la laisserait indifférente. Pour elle, comme pour la plupart des Irlandais, l'Irlande était avant tout l'île dans son entier. C'était cet enfant assis dans l'océan. L'Irlande, c'était aussi – et seulement – Limerick, Dublin, Dundalk, Cork, Donegal, Cavan, Monoghan… Newry, Belfast, Bangor, Derry, c'étaient des villes du Nord, des villes d'un autre pays dont on avait entendu parler à la radio. Des points sur une carte, sans contours précis, perdus dans les brumes et le temps. Un morceau de monde atteint d'une dérive inexorable, qui a fini par se détacher d'un bloc indissociable. L'Irlande… une terre et deux pays.

Quand Sinéad passa Newry, elle regarda hébétée, le spectacle hallucinant d'une ville assiégée. Elle s'en voulait de ne pas avoir fait le voyage plus tôt. Ça lui aurait évité de faire semblant de savoir. Deux policiers, guindés dans leur gilet pare-balles montèrent dans le bus et fouillèrent quelques sacs. Les conversations s'étaient tues. Les passagers regardaient par la fenêtre ou feignaient de lire un magazine pour mieux fixer leurs yeux sur ces deux hommes qui voyaient en eux des terroristes potentiels. Ils firent monter un chien-loup qui renifla quelques bagages entre deux halètements. Quand ils descendirent, Sinéad crut à un mauvais rêve. Elle avait dû s'endormir, traverser la mer d'Irlande pour se retrouver aux portes menaçantes de Berlin-est. Passée la frontière, elle eut le sentiment qu'elle pénétrait un monde qui ne la laisserait plus jamais partir. *Blame the terrorists*...

L'Irlande avait soudain disparu. À présent, elle s'enfonçait toujours plus profond dans ce territoire. Le car roulait dans des rues larges, également bitumées, bordées de maisons coquettes. Sinéad se sentit ni plus ni moins en Angleterre. Les paysages venaient se plaquer à la vitre, mais plus Belfast approchait, moins elle les voyait. Ils devenaient juste un flou baignant son corps, ses mains, son visage. À lui. Depuis son départ, elle avait fabriqué dans son esprit, des dizaines de scénarios d'environ dix secondes. Ce que durerait la première émotion d'une retrouvaille. Y aurait-il des larmes ? Des rires ? Des cris ? Des morsures d'amour ? Quel serait le premier mot prononcé ? Qui le prononcerait ? Elle s'était imaginée sur le pas d'une porte ; le bousculant dans la foule dans le hasard des rues, courant, elle vers lui, lui vers elle ; assise sur un trottoir de pluie, pleurant ses recherches infructueuses ou sa mort, qui sait ? Elle s'était imaginée arrêtée par la police, enfermée dans une geôle, condamnée à aimer sans voir ni toucher. Elle s'était imaginée, elle et lui.

« Autoroute, prendre la bonne file, serrer à droite, suivre la longue courbe qui va nous plonger dans les veines et les artères de la ville. Me voilà à Belfast », se dit-elle.

Elle répéta plusieurs fois ce nom, en détachant les syllabes.

« Bel Fast, Bel Fast. » Des noms de villes lui vinrent à l'esprit qu'elle associa à l'un de ces clichés qui en font la renommée.

« Dublin, Trinity, Paris, Champs-Élysées. Ah, les Champs-Élysées… Les remonter un jour avec toi, parmi ces gens, eux aussi, inconnus de passage. Tu sais, tout peut s'oublier. Et Hambourg… Nous aurions plus de 2000 ponts à traverser. J'allais oublier Venise, ville flottante, ville amarrée sur laquelle nous nous embarquerions, ville-reine qui s'éloignerait sur la mer, avec, à son bord, seulement les amoureux. Vous parlez de Rome… J'ai toujours voulu voir cette ville. Et Belfast ? Belfast résonne comme une balle sortie d'un fusil, comme une voiture garée qui explose, tuant un enfant. Un autre restera paralysé et finira ses jours dans un fauteuil roulant. Belfast est aux mains des terroristes de l'IRA. La glorieuse armée de sa Majesté fait ce qu'elle peut. Il faudrait leur faire la même chose, de toute façon, c'est un problème religieux entre Catholiques et Protestants. Que savez-vous d'autre ? Rien. Ah si, il y a un quartier qui s'appelle Hollywood… »

De la fenêtre du car, Sinéad voyait que c'était aussi une ville avec ses immeubles, ses néons et ses gens qui marchent, qui rêvent, qui vivent. Quand le car stoppa à la gare routière près du centre, Sinéad put enfin descendre, faire quelques pas et respirer l'air presque nocturne de ce lieu nouveau. Elle respirait enfin le même air que Stiofán. Elle le sentait tout proche, quelque part dans ce bourdonnement, derrière une porte qui ne laisse passer qu'un vague écho de ville. Elle récupéra son sac au fond du coffre latéral du car.

« Demain, c'est dimanche » pensait-elle.

Elle chercha des yeux un taxi. Elle en aperçut une demi-douzaine, un peu plus loin, stationnés juste en face de la gare. Elle s'engouffra dans le premier qui déjà mettait le contact. Quand le chauffeur entendit l'adresse, il coupa instantanément le moteur et se tourna vers la jeune femme.

« Vous, on voit bien que vous n'êtes pas d'ici. Nous, nous ne nous aventurons pas dans ces quartiers, encore moins la nuit. Non, désolé mademoiselle, pour aller là-bas, vous devez prendre un des Black cabs. Ils stationnent un peu plus loin sur la droite, vous les voyez ? Ils vous conduiront où vous voudrez. »

Elle claqua la portière sans rien dire, incrédule. Cet incident était révélateur du cerveau rongé de cette ville. Belfast avait ses ghettos, avec toute la hideur humaine cachée derrière ce mot. Belfast avait ses quartiers pour nègres. L'Irlandais, le nègre de l'Europe.

Sinéad eut froid dans le brouillard de ce monde nouveau. Au lieu de prendre un Black cab, elle entra dans un pub. Elle but du thé chaud au comptoir. Et si l'un de ces taxis l'emmenait à l'adresse et que Stiofán ne soit pas là ? Que ferait-elle alors ? Elle commanda un whiskey chaud avec une rondelle de citron et des clous de girofles. L'alcool réchauffa son corps nu sous les doutes. Elle sortit pour prendre un de ces fameux cabs. Elle montra d'abord l'adresse avant de monter à l'arrière d'une grosse Vauxhall six places. Une vitre la séparait du chauffeur. Il était dix heures du soir et les rues étaient vides. Comme si un couvre-feu tacite enfermait les gens chez eux aux premières heures de l'obscurité.

Belfast, une ville-bougie que l'on éteint à l'aide d'un petit dé de métal. Les habitants étaient des créatures diurnes, laissant la nuit aux rapaces. Aux abords de Falls, le taxi croisa une Rover de l'armée d'où émergeaient deux soldats en armes. Sinéad remarqua des rues, véritables no man's land, délimitées par des barrières, hérissées de barbelés. Le taxi remonta Falls Road. La lumière orange des réverbères glissait sur le pare-brise. Ils passèrent Divis Flats et s'enfoncèrent un peu plus dans les profondeurs de la cage. Quelques minutes plus tard, le cab s'arrêtait à l'adresse indiquée. Sineád descendit et paya la course. Le chauffeur fit un signe amical de la main, passa la première et s'éloigna. Sinéad regarda les gaz d'échappement qui sortaient en nuages blancs à chaque changement de vitesse. Elle se retrouva seule dans la rue, face à cette porte qu'elle avait imaginée dans l'un de ses innombrables scénarios. En observant les maisons voisines, elle fut surprise de voir qu'elles ressemblaient à celles du sud. Elle venait à nouveau de changer de pays. Elle s'approcha à pas lents de la petite grille en bois qui gémit quand elle la poussa. Quelques pas encore pour toucher cette porte et la frapper jusqu'à ce qu'elle daigne s'ouvrir. Il y avait quelqu'un à l'intérieur. Un rai de lumière jaune encadrait l'écran noir des tentures tirées. Sineád était au théâtre avant que ne s'efface le rideau qui allait faire place à la magie. Son souffle se suspendit sans qu'elle ne puisse le contrôler, ses lèvres se scellèrent sur ses dents serrés, ses tempes se mirent à battre les flancs de son crâne, son cœur à ruer. Tout son être tremblotait. Elle souleva le marteau à la tête de lion et frappa trois coups secs. Elle attendit plusieurs siècles, compressés en une poignée de secondes. Bruit de mouvement, une porte de couloir qui s'ouvre, un jet de lumière qui se glisse sous la porte d'entrée, des pas feutrés, une clé qui libère le verrou, un entrebaîllement qui fait place à un corps.

II

Sans trembler, Stiofán contempla le rectangle de pierre gris et froid. Il sortit de sa poche un couteau et gratta la dalle vieille de plus de huit ans. Après leur départ, elle n'avait jamais été entretenue et était aujourd'hui recouverte d'une couche d'oubli et d'anonymat. Le nom était à peine lisible tant la pierre était tachetée de lichens verdâtres, à l'image d'une peau malade. Debout, Stiofán était vivant parmi des destinées qui ne s'étaient probablement jamais croisées mais qui, aujourd'hui, gisaient dans ce vaste cimetière aux allées boueuses. Des destinées catholiques... Depuis l'enterrement, il ne s'était jamais retrouvé devant la tombe de son père. Durant les semaines qui avaient suivi son assassinat, Maureen y était allée tous les jours pour que ses larmes se mélangent à la terre où reposerait désormais son mari. Stiofán n'avait jamais voulu y retourner. Pendant de longues semaines, il s'était reclus dans un mutisme aux fils tissés de hurlements étouffés, de couleurs agressives à l'extrémité du spectre solaire, d'images aux courbes en liquéfaction. Il était le silence perçant.

Aujourd'hui, la gorge était serrée, le souvenir oppressant, l'absence, un gouffre que l'on regarde du haut d'une falaise. Stiofán faisait face à l'âme de son père sans trembler.

« Je suis venu ici pour me recueillir, pour être près de toi, pour te parler. Ce n'est pas avec les vivants qu'on communie le mieux, mais avec les morts. Parce qu'avec eux, on ne peut pas tricher. »

Stiofán parcourut du regard les allées boueuses du cimetière.

« Comme mon âme. Mon âme est boueuse, couverte de flaques d'eau brunâtre où je m'enfonce depuis qu'ils t'ont volé ta vie. Je ne sais pas parler de vie. Le soir, le miroir me renvoie des flammes et des cris. Tu vois papa, j'ai rejoint l'IRA, ceux-là mêmes contre qui tu m'avais mis en garde. Ils ont pourtant protégé les nôtres au commencement et ils continuent la lutte. Ou plutôt, leur lutte. Celle qui mélange tous les sangs, coupables et innocents. Aujourd'hui, les enfants de Belfast et de Derry grandissent au milieu des soldats et vont à l'école pour apprendre la haine de l'autre. La spirale est sans fin. J'ai lutté des années pour retrouver un équilibre, pour qu'à nouveau des sons puis des syllabes puis des mots sortent de mon gosier asséché d'expression, pour penser à un avenir. Je suis finalement revenu ici parce que tout en moi passe par Belfast et son cortège de spectres menaçants. Mon adolescence n'a été qu'un tourment et je me suis accroché à cette corde de harpe qui nous manque tant. Je ne sais pas ce que j'avais imaginé au juste… Une vie. Une vie foutue d'avance quelle que soit la voie et ses pavés. Je suis revenu à Belfast en adulte avec des idées d'enfant.

IRA, résistants nécessaires de la liberté et de la justice ou jeunes paumés du vingtième siècle en quête d'identité. En tout cas, je suis désormais l'un d'eux. IRA, IRA, *I Ran Away*, *I Ran Away*. »

Le silence bercé par quelques cris de mouettes, des pas qui froissent l'herbe.

« Monsieur… »

À quelques mètres de lui se tenait un petit homme en uniforme froissé. Un tricot de laine vert débordait de sa veste au niveau des manches et de la taille. Il resta à distance, comme s'il voulait respecter la douleur tout en faisant son travail.

« C'est l'heure de la fermeture, monsieur. »

Stiofán regarda sa montre. Il était sept heures.

« Je m'en vais, j'avais oublié l'heure. »

Le gardien s'éloigna. Stiofán resta encore quelques instants devant la tombe.

« Je n'ai même pas pensé à apporter des fleurs », pensa-t-il.

Il se signa et reprit sa place dans le flot des anonymes à pied. Il vogua dans les rues en direction de chez Gerry. Il vérifia qu'il avait un peu d'argent et poussa la porte du bar. Gerry n'était pas encore arrivé, il était trop tôt. Son serveur était seul derrière le comptoir. Stiofán regarda à tout hasard si Ciaran n'était pas là, mais le bar était désert. Le prêtre devait encore être parmi ses paroissiens. Il était toujours en route pour aider les autres, sans compter ses efforts. C'était un prêtre comme on en trouve dans les imaginaires. Sans préjugés, à l'écoute de tous, sa porte toujours ouverte à l'étranger de passage. Il avait même déniché un violon à Stiofán et lui avait demandé de s'occuper des jeunes en les initiant à la musique traditionnelle irlandaise.

Stiofán avait accepté. Pour ces jeunes de onze ou douze ans à la recherche d'identité, la musique traditionnelle serait une vraie valeur, puisée dans les racines d'un peuple, le reflet sonore d'une pensée qui devient alors déchiffrable par tous. Stiofán s'était occupé de trouver un local. Il avait été voir Gerry qui avait accepté de mettre le garage jouxtant le pub à sa disposition. Il ne s'en servait que pour remiser quelques tonneaux vides. Une demi-douzaine de jeunes adolescents rencontrés au cours des visites aux familles, s'étaient montrés intéressés. La plupart avaient déjà un instrument, mais ne s'en servaient guère dans cet environnement peu propice à la poésie. Ils abandonnèrent un peu la rue et ses tentations pour se lancer dans ce nouveau projet. Après l'école, il retrouvait Stiofán pour remettre de l'ordre dans le vieux garage. Ils l'avaient repeint en trois couleurs, dessiné des croix gaéliques, accroché des bodhrans et des photos de paysages du Sud. Tout cela n'était qu'un début, mais c'était quelque chose de concret. Un petit îlot de bonheur dans une partie de monde sous haute surveillance. Stiofán avait aussi participé à une soirée musique organisée chez Gerry. Il avait retrouvé des sensations un peu oubliées depuis qu'il était à Belfast.

Assis sur un haut tabouret de bar, il commanda une pinte de Smithwick's et un sandwich. Il avala le sandwich distraitement en songeant qu'il lui faudrait trouver un vrai travail. Ce ne serait pas simple. Remplir des fiches, répondre à des questions sur lui, sa famille. Peut-être devrait-il rester anonyme, louvoyer dans des petits boulots, pouvoir disparaître sans traces. Ou retourner à Limerick. Comprendre que Belfast ne changera rien. Ou même quitter l'Irlande. Partir avec Sinéad pour un voyage sans retour.

Il but une gorgée de sa bière rousse. Quelqu'un vint s'asseoir à côté de lui sans qu'il y fasse attention.

« Hello ! »

Stiofán se tourna vers le nouvel arrivant et vit Declan. Sa mèche tombait sur son œil gauche. Il esquissait un sourire.

« Hello, répondit Stiofán.

— Ça tombe bien, je voulais vous voir, toi et le curé. »

Il commanda une Guinness.

« Ciaran n'est pas avec moi.

— Ça n'est pas grave, on passera le voir tout à l'heure. J'ai du business pour vous. »

Stiofán le regarda d'un air méfiant.

« Quel genre de business ?

— Tu verras. Je vous en reparlerai tout à l'heure. Slainte.

— Slainte. »

Declan but une gorgée. De la mousse lui couvrit la moustache. Il la fit disparaître d'un revers de manche..

« À propos, il paraît que tu joues de la musique avec des morveux. C'est le curé qui te donne ces idées ? »

Stiofán ne goûta pas ce ton ironique, mais garda son calme.

« Exactement. Tu sais, il fait beaucoup pour occuper les jeunes et aider les autres.

— Ouais, répondit Declan un instant songeur. N'empêche qu'il ferait mieux de nous les envoyer. De toute façon, ils nous rejoindront un jour ou l'autre parce qu'il comprendront que c'est la seule solution », ajouta-t-il fataliste.

Il regarda dans son verre et dessina une harpe dans la mousse opaque de la bière noire.

« Moi aussi, j'ai été dans ses clubs. mais l'enfance avec sa fraîche naïveté ne dure pas éternellement. Un jour, on perd ses illusions et on commence à regarder autour de soi, et on voit que rien ne correspond à ce qu'on avait imaginé. Tiens, moi, à seize ans, j'ai cherché du travail. Quand on me demandait mon nom et que je répondais "Declan O'Driscoll", ces salauds ricanaient en disant : "Catholique Irlandais. Un Fenian, quoi. Non, désolé, nous n'avons rien pour vous."

— Tout ça, je le sais déjà, tu ne m'apprends rien.

— Je vais te dire une bonne chose. Il faudrait sacrifier une génération, former des combattants qui demain régleraient leur compte aux Brits une fois pour toutes. Il faudrait organiser la guerre du peuple, la seule qui ne connaisse pas la défaite. »

Ils finirent leurs pintes et sortirent. Stiofán essaya de questionner Declan sur la prochaine mission, mais celui-ci ne dit rien. Il se contentait de répondre :

« Je te le dirai quand on sera chez le curé. »

III

Ciaran ouvrit la porte. Il resta un instant coi devant cette jeune fille, les bras le long du corps, fermant les yeux, un sac posé à ses pieds. Il déchaussa ses lunettes.

« Mademoiselle ? »

Sinéad ouvrit les yeux et trouva en face d'elle un homme vêtu de noir, la chemise ouverte sur le haut du torse. Elle ramassa son sac et demanda gentiment en regardant par-dessus l'épaule du curé ébahi :

« Je peux entrer, j'ai froid. »

Ciaran remarqua un léger accent du Sud.

« Mademoiselle, vous devez vous tromper d'adresse.

— Non, je ne crois pas. »

Elle lui tendit la main.

« Ciaran, je m'appelle Sinéad. Je viens voir Stiofán, je sais qu'il est ici. »

Ciaran demeura un instant interdit devant l'attitude singulière de la jeune femme. Dans d'autres circonstances, il l'aurait fait entrer, mais si d'aventure, Declan ou un autre venait à passer, il serait assez ennuyé pour expliquer cette présence inopinée. Il resta dans l'entrebaîllement de la porte.

« Je suis désolé, mademoiselle, mais Stiofán n'est pas ici. Revenez demain.

— Revenir demain ? persifla Sinéad. Vous êtes du genre spirituel. Je viens de faire neuf heures de car pour arriver ici et je m'entends dire « Revenez demain. » Pas question, je reste. Et puisque vous ne voulez pas me laisser entrer, je resterai là devant cette porte en attendant qu'il revienne. »

Ciaran n'avait pas prévu ce scénario. Il regarda Sinéad s'asseoir dos au mur de la maison et se dit qu'il fallait qu'il trouve rapidement une idée. Il réfléchit un instant et son visage s'éclaira soudain.

« Attendez, fit-il, je reviens. »

Il prit les clés de voiture sur la petite table de l'entrée, ferma la porte et tira Sinéad par la main. Elle eut juste le temps de prendre son sac.

« Vous êtes malade, qu'est-ce que vous faites ?

— Je vous emmène dans un endroit un peu plus calme que celui-ci. Dans une ferme où travaille Stiofán. C'est seulement à quelques kilomètres. Allez, montez. »

Sinéad s'exécuta.

« Et qui me dit que vous n'êtes pas un maniaque sexuel, un violeur qui s'arrêtera au premier bois venu ?

— C'est un risque à prendre. Vous êtes venue chez moi de votre plein gré, dit il en démarrant.

— Vous faites un drôle de prêtre. Maureen m'a parlé de vous. Elle m'a dit que vous étiez un homme formidable.

— Vous n'avez donc pas peur de moi. Ainsi c'est Maureen qui vous envoie…

— Non. J'ai eu besoin de son aide pour retrouver Stiofán, c'est tout.

— Maureen, murmura Ciaran. Comment va-t-elle ?

— J'ai l'impression qu'elle a le cancer de la vie. Elle fait avec. De son mieux. Je ne la connais pas bien.

— Moi, je l'ai bien connue. Avant même que son mari soit assassiné. »

Sineád laissa quelques secondes pour que s'estompe l'émotion des souvenirs.

« Alors, Stiofán n'habite plus chez vous ?

— Non, enfin si, je veux dire, il vient quand il veut. Ces derniers mois, il habitait chez le vieux Finbar, un fermier. Peut-être est-il là-bas ce soir. »

En chemin, Sinéad lui raconta l'histoire d'un amour suspendu dans le temps pour des raisons encore floues. Ciaran écoutait sans parler car il ne voulait pas être trop disert sur Stiofán. Il ne savait pas ce que Maureen lui avait dévoilé. En arrivant sur le chemin de terre, les deux phares de la voiture dansèrent dans la nuit en balançant leur lumière au rythme des ornières. Il arrêta le moteur dans la cour mais laissa les phares allumées. Ils descendirent et s'avancèrent vers la porte. Ciaran frappa. Un instant après, un volet grinça juste au-dessus d'eux. La silhouette du vieux paysan apparut furtivement.

« Qui est là ? aboya-t-il. Je vous préviens, je suis armé.

— Finbar, c'est moi, C'est Ciaran. J'ai besoin de vous, fit-il en levant la tête en direction du volet entrouvert.

— Qui ça ?

— Ciaran, répéta-t-il un peu plus fort. »

Finbar reconnut la voix.

« Ciaran ? Qu'est-ce que vous faites ici à cette heure ?

— J'ai besoin d'un service. »

Quelques minutes plus tard, ils se retrouvaient tous les trois dans la cuisine. Ciaran avait posé son fusil de chasse sur la table.

« Je le garde toujours dans le placard de la cuisine. Prêt à tirer. On ne sait jamais. Quand j'ai entendu le bruit du moteur j'ai tout de suite été le chercher. »

Ciaran expliqua brièvement la situation et lui demanda s'il pouvait héberger Sineád.

« Pas de problème, sourit le vieux paysan. Stiofán passe de temps en temps. C'est un bon petit gars. Viens avec moi, Sinéad, tu occuperas sa chambre. »

Ciaran remercia Finbar et promit à Sinéad que Stiofán serait bientôt là.

« Si tu veux de la lumière, ma fille, il y a une lampe à pétrole sur la table. Les allumettes sont à côté. Je te laisse, tu dois être fatiguée. À demain. Muireann te préparera ton petit déjeuner. »

Sinéad dit bonne nuit et alluma la lampe. Elle s'approcha de la fenêtre où brillait la lune. Elle regarda autour d'elle mais ne vit rien qui appartenait à Stiofán. Puis ses yeux furent attirés par des mots, inscrits les uns sous les autres. Comme des hiéroglyphes sur les murs d'une caverne oubliée.

IV

« Alors, curé, on fait des heures supplémentaires ? »

Deux verres de whiskey à moitié vides étaient posés sur la table basse et quelques mégots gisaient dans le cendrier. Declan et Stiofán devaient être arrivés juste après leur départ. Ciaran se félicita d'avoir éloigné Sineád à temps. Il s'assit sur une chaise et se servit un verre de Jameson.

« Puisque vous avez ouvert la bouteille... Je suppose que vous n'êtes pas là seulement pour boire avec moi ?

— Et pourquoi pas ? Ton whiskey est excellent. Mais tu as raison, il y a autre chose. J'ai rencontré Stiofán chez Gerry. J'ai une mission pour vous. »

Il faisait rouler son verre entre le plat de ses mains.

« Vous avez déjà entendu parler de Kevin Dixon ? »

Ils secouèrent la tête.

« C'est un jeune juge qui travaille de très près avec la RUC. Ceux de chez nous qui sont passés devant lui vont vieillir au Maze. Avec lui, c'est cinq ans minimum pour les Républicains. Sa famille est de grande tradition protestante et il évolue aussi dans les milieux orangistes qui nous humilient tous les 12 juillet. »

Il marqua une pause et laissa tomber :

« Vous allez l'éliminer. Je vous fournirai tous les détails et le matériel. »

Stiofán et Ciaran se regardèrent, abasourdis par les mots qu'ils venaient d'entendre. Ce que Declan venait de dire avait valeur d'ordre, probablement venu d'en haut. Par conséquent, cela ne leur laissait pas grand choix.

« Nous ne pouvons pas faire ça et tu le sais bien. Vous avez d'autres tueurs pour faire ce boulot-là. Je suis un prêtre et je ne serai pas complice d'un meurtre. Mon rôle s'est toujours borné à vous rendre service. Rien de plus. »

Declan ricana.

« Parce que tu crois que tu as les mains blanches ? Sache que tu es complice de toutes les actions que nous faisons. Tu es l'un des nôtres, Ciaran, ne l'oublie pas. Quant à Stiofán, il n'est pas prêtre et est revenu pour nous aider, n'est-ce pas Stiofán ? »

Stiofán ne répondit rien. Declan avait raison.

« Ce que je n'oublie pas, poursuivit Ciaran, c'est que toi et tes amis, vous étiez bien contents de trouver chez moi une planque ou un abri. Je n'aurais jamais dû accepter la première fois. Maintenant, vous voyez que je ne peux plus vous être utile parce que vous avez peur que la police revienne et que je parle. Alors vous m'envoyez au casse-pipe. C'est pareil pour Stiofán…

— Calmez-vous, Ciaran.

— Pour vous, c'est un type du Sud qui est parti et qui, aujourd'hui revient. Vous n'avez pas confiance, vous trouvez ça louche, alors vous voulez vous en débarrasser.

— Calmez-vous, Ciaran, répéta Stiofán.

— Oui, calme-toi, tu es en train de délirer, renchérit Declan. Tout ce qu'on te demande, c'est de conduire, Stiofán se chargera du reste.

— Oui, Ciaran, nous devons obéir aux ordres. Ce juge n'hésiterait pas à nous boucler pour la vie s'il le pouvait… »

Le prêtre regarda Stiofán, incrédule. Declan en profita pour se lever.

« L'opération est prévue pour après-demain midi. Rendez-vous chez le vieux fou de Finbar à neuf heures. J'aurai la voiture et les armes. À lundi donc. »

Le silence succéda à la tempête. Ciaran était toujours sous le choc.

« Pourquoi as-tu dit ça ? Comme s'il s'agissait de faire une balade en voiture.

— J'ai dit ça pour gagner du temps, répondit Stiofán nerveusement. Il passait et repassait la main dans les cheveux.

— Vous savez ce qui nous attend si on refuse ? Je me souviens de ce qu'ils ont fait au pauvre type qui ne leur avait pas obéi. J'ai même participé. La même chose pourrait bien nous arriver. Alors, j'ai dit OK. Il va falloir trouver quelque chose pour nous en tirer. »

Le prêtre parut rassurer sur Stiofán.

« Je commençais à croire que tu devenais comme Declan. N'empêche que tu as accepté pour nous. On est plutôt dans de sales draps. Je ne vois vraiment pas ce que l'on peut faire. »

Il était en train de réfléchir, le regard figé quand l'image de Sineád lui traversa l'esprit. Il leva la tête vers Stiofán.

« À propos, j'ai eu de la visite, ce soir. Juste avant que vous arriviez. C'est d'ailleurs pour ça que j'étais absent.

— La police ? Ils vous ont embarqué ?

— Non, une femme. »

Stiofán alluma une cigarette.

« Venez-en au fait, voulez-vous ?

— Sinéad. »

La cigarette de Stiofán resta un instant, pendante, figée à la lèvre inférieure de sa bouche ouverte. Il la retira.

« Sineád, répéta-t-il. Vous voulez dire, ma Sinéad ?

— Tout juste. Elle arrivait droit de Limerick. »

Stiofán semblait désarticulé au fond de son fauteuil. Une marionnette à qui on aurait coupé tous les fils.

« Où est-elle, murmura-t-il ?

— Chez Finbar, elle t'attend. »

V

Tout était calme à l'intérieur de la ferme. Stiofán traversa le couloir à pas feutrés puis ouvrit doucement la porte. Il la trouva endormie au pied du mur des non-dits. Elle avait enlevé le matelas du sommier et l'avait tiré jusque sous leurs deux prénoms. Sa tête reposait juste en-dessous de « Fusion des souffles ». Elle était encore habillée et sa respiration était régulière.

« Planète Sinéad, astre autour duquel tout avait en fait évolué et que j'avais volontairement quitté, à la recherche d'un être qui m'est étranger. Je te vois endormie dans un monde, enfermée derrière tes paupières, connu seulement de toi. Le monde de tes rêves. Je ne t'imagine plus. Tu es là et je peux te toucher. Je te dis : Partons. Partons, même si la vie, le passé et le futur sont des marteaux briseurs de rêves. »

Elle bougea légèrement la tête qui fut caressée par un rayon de lune.

« Je te dis : Partons, escaladons ce rayon de lumière et regardons le monde d'en haut. Admirons sa nature puisqu'on ne peut en admirer les hommes. »

Stiofán s'allongea près d'elle. Elle ouvrit les yeux. Son visage ne marqua aucune surprise. Ils s'observèrent, chacun d'un côté du rayon de lune. Ils ne voyaient que des ombres de visages. Ils n'échangèrent que leurs silences, leurs chaleurs se mélangèrent, leurs souffles se mêlèrent. Ils glissèrent le long du rayon lumineux. Des soupirs profonds, leurs vêtements qui se perdent dans la nuit pour libérer une peau de lumière, hypersensible, tant elle reconnaît les doigts de l'absent. Ils s'étreignirent au creux de la colonne blafarde. Ils ne communiquaient que par souffles, halètements, gémissements et jouissances. Les mots étaient inutiles. Ils s'endormirent au point du jour, épuisés par ce long voyage où rien n'avait existé que leurs corps et leurs folies mélangés.

VI

« Je t'aime », murmura-t-elle.
La glace des mots était brisée.

VII

Il était près de onze heures quand ils se levèrent. Ils s'habillèrent et prirent une tasse de thé à la cuisine. Muireann et Finbar les accueillirent, un peu surpris de voir Stiofán. Ils se contentèrent de sourire. Après leur petit déjeuner tardif, ils sortirent et empruntèrent un petit chemin forestier proche de la ferme. La terre était molle, l'herbe mouillée, des feuilles mortes recouvraient le sentier. L'autre écouta.

« Quand tu es parti, tes yeux se sont accrochés aux miens dans une langueur inhabituelle. Le soir, tu n'es pas venu et j'ai pensé que tu étais comme les autres. J'ai pleuré. Puis, j'ai reçu ton mot. J'ai encore pleuré. J'ai compris que c'était un adieu non voulu, mais nécessaire. J'ai accepté ce mystère et j'ai espéré. Puis, j'ai attendu, j'ai pleuré et j'ai décidé de chercher. De chercher l'autre côté de ton miroir. Je te voyais à travers les mots que nous avions écrits sur le mur. La nuit, je te voyais encore en rêve, marchant à mes côtés sous un ciel neuf, nos yeux éblouis par notre nouveau monde. J'ai été égoïste parce qu'orpheline d'amour. J'aurais dû t'attendre, mais j'ai préféré te chercher. Plusieurs fois, des hommes sont sortis de ma vie. J'ai souffert, bien sûr, mais je ne les ai pas cherchés car je n'aurais rien trouvé en eux.

Je regardais en toi comme je regardais de ce pont ce bouillonnement noir de désirs, de reflets de lune, d'inconnu et d'éternité où on aimerait se perdre. Alors toi, je t'ai cherché. Je ne pouvais plus attendre car nos vies, demain, et notre jeunesse aujourd'hui, sont à la dérive.

Quand j'ai vu ta mère, elle m'a parlé de ton passé et de ton engagement dans l'IRA. Rien n'a changé. Je n'ai pas pensé : "Il est fou, c'est un terroriste" ; j'ai dit : "Il est vivant, c'est un homme".

Elle m'a montré ta chambre où les murs au papier-peint défraîchi et jauni par la fumée de tes cigarettes nocturnes, avaient été le témoin de tes élégies d'adolescent estropié. Elle m'a laissé seule, quelques instants, pour que la pièce ne soit habitée que par ton absence et par moi, spectatrice attendrie. J'ai ouvert la fenêtre pour voir ce que toi tu voyais. Je me suis allongée sur ton lit, j'ai caressé les meubles, surtout le bureau en bois sombre où tu passais tes nuits à écrire. J'ai ouvert un tiroir et j'ai aperçu tes carnets. J'ai hésité une seconde, l'oreille tendue, puis je les ai feuilletés. Finalement, je les ai emportés. D'habitude, les adolescents écrivent leurs rêves dans leurs journaux intimes, mais toi, tu y avais consigné la réalité, celle que nous, Irlandais du Sud, nous ignorons. Dans un sens, ma première impression avait été la bonne. Tu étais bien parti pour une autre histoire… La tienne, celle de ta vie et de ton destin. Si je suis partie à ta recherche, c'est parce que nous tissons le même rêve : changer nos vies, à défaut de changer le monde. »

VIII

L'autre écouta.

« Belfast. C'est ici que tout commence et tout finit. Mon enfance s'est terminée ici, ma longue souffrance d'adolescent y a commencé. Je n'avais pas le choix. J'ai rejoint l'IRA parce qu'il n'y avait rien d'autre à faire. C'était ça et rien d'autre. Si l'IRA n'existait pas, les catholiques du Nord n'existeraient pas non plus. Ils pourriraient dans les oubliettes de l'histoire. Je voulais une île sans taches, entière. Je voulais la liberté. Je voulais inscrire le nom de mon père dans les livres d'histoire. Aujourd'hui, je suis dans l'IRA et je ne suis rien. Je ne suis qu'un voleur d'épicerie et un tueur d'innocents.

Quand je pense à Declan... J'ai grandi avec lui jusqu'à ce que nous partions. Lui est toujours resté à Belfast. Il a accepté toutes les règles du jeu. Celui qui durera au-delà de ce siècle. Un jeu sans vainqueurs ni vaincus. Cette guerre me semble pourtant dérisoire et indispensable à la fois. Dérisoire pour ce qu'elle accomplit, et indispensable pour que des hommes ne se laissent pas broyer par l'histoire. Une guerre qui se trompe dans sa stratégie. Pourquoi ne pas bombarder Buckingham Palace ? Prendre la BBC d'assaut ? Attaquer des centrales électriques ? Paralyser la Grande-Bretagne ? Forcer les Britanniques à dialoguer, à écouter, à rechercher la paix ? Pourquoi ne pas s'asseoir et parler de la paix ?

Des bombes dans les magasins, les meurtres sectaires ne servent à rien et sont barbares. C'est tout ce dont ont besoin les Britanniques pour alimenter leur propagande. En fait, c'est Declan qui doit avoir raison. À défaut de dialogue, il faudrait sacrifier une génération et soulever le peuple pour que, de la guerre, sorte un vainqueur légitime. Et un peuple en guerre est toujours vainqueur. »

Tous ces mots destinés à l'autre se couvrirent de pluie. Tombant serrée et drue, l'eau du ciel les surprit à la sortie d'un sous-bois. Ils ne cherchèrent aucun abri. Au contraire, ils s'avancèrent dans une prairie à l'herbe haute, se laissant gifler par les violentes bourrasques qui criblaient leurs vêtements de gouttelettes et qui, peu à peu, pénétrèrent le tissu pour leur glacer la peau. Seuls au milieu de ce champ, ils s'embrassèrent, se mordirent, s'engloutirent sans retenue. Leurs mains impatientes arrachèrent leurs habits. Ils s'aimèrent sauvagement. La pluie redoubla comme si le ciel voulait les mortifier de ses fléchettes d'acier. Sinéad, offerte à genoux, comme en prière, arrachait l'herbe de ses dents. Ils hurlaient à chaque jouissance. Ils se roulaient dans l'herbe et la boue, se couvrant le corps et le visage de terre granuleuse. Ils étaient martyrs anonymes du monde qu'ils essayaient de porter à bout de bras.

Quand ils revinrent à la ferme, ils prirent mille précautions pour regagner leur chambre sans être vus. Ils se changèrent et allèrent goûter la chaleur du poêle dans la cuisine. Muireann prépara le dîner et ils mangèrent tous ensemble. À la fin du repas, Finbar sortit sa bouteille de Poitín. Les deux vieux paysans se comportaient comme des grands-parents qui reçoivent la visite de leurs petits-enfants. Finbar demanda à Sinéad si elle parlait gaélique.

« Seulement quelques mots, répondit-elle.

— C'est dommage que nos mots se perdent… Enfin, c'est la nouvelle génération. »

Stiofán aida Muireann à faire la vaisselle, puis les vieux paysans allèrent se coucher.

« Nous vous laissons. Demain matin, nous allons au village pour faire quelques courses. Bonsoir. »

Sinéad et Stiofán restèrent dans la cuisine pour profiter de la douce chaleur.

Il fallait débuter une conversation. Ils burent du thé brûlant. Stiofán hésitait à parler de sa prochaine mission. Sinéad ne semblait pas pressée et se contentait de rouler ses yeux sur lui comme une caméra qui filme le héros sous tous les angles. Il décida de la mettre au courant sans lui préciser que tout était prévu pour le lendemain.

« Sinéad. J'ai promis de tuer. Un juge… Ciaran conduira et moi je tirerai… »

Sinéad le regarda, une expression d'incrédulité figée sur le visage. Elle avala une gorgée et Stiofán entendit le breuvage qui coulait dans sa gorge.

« Toi, tuer un homme comme ça, de sang-froid ? Tu ne pourras jamais. Tu ne peux pas, c'est impossible. »

Stiofán lui expliqua Declan, Elisabeth et le reste.

« Alors, partons. Partons tout de suite, tu m'entends ? Construisons sans attendre cet univers où nous serons libres. Libres de toutes promesses. Nous n'entendrons que l'écho de notre certitude, celle de vouloir être ensemble. Nous aimerons la vie comme elle sera parce que nous aurons trouvé la paix. Tu as dit tout à l'heure que dans l'IRA, tu n'étais rien. Dans notre monde, tu seras tout. »

Stiofán soupira.

« Je ne peux plus reculer. Si je n'obéis pas, Ciaran et moi risquons d'avoir de gros ennuis. »

Sinéad se leva nerveusement. Sa chaise tomba à la renverse.

« C'est pourquoi il faut partir maintenant. Tu n'es pas une machine à qui on envoie des instructions pour qu'elle les exécute. »

Elle s'approcha de lui, lui pinça les joues, les bras.

« Tu as un corps, un cerveau, une pensée. Sers-t'en. »

Elle releva la chaise et se rassit

« Dans l'IRA comme dans toute autre armée, cela ne compte pas. Ce qui compte, c'est pourquoi tu t'es engagé. Je suis une pierre de leur édifice, une poussière pour la Cause, mais je suis cette pierre, ce grain de poussière. »

Stiofán s'interrompit.

« Quand j'y pense...Un lustre et des poussières passé à vomir les images de ma mère violée, de mon père assassiné, la stridence des sirènes qui emportent les corps sans vie... Et je suis là à te parler, en flagrant délit de doute. Un lustre et des poussières à ruminer une vengeance, à forger un idéal... »

Sineád se versa un verre de Poitín que Finbar avait laissé sur la table. Stiofán fit de même.

« Stiofán, c'était une vengeance d'enfant. Aujourd'hui, tu t'aperçois qu'elle ne colle plus à ton personnage d'adulte et tu as honte. Honte de ce que tu crois une faiblesse. Honte parce que tu crois t'être perdu et déshonoré aux yeux de ta souffrance et de ton passé. Tu te vois traître à la Cause et à ton pays. Mais, Stiofán, on n'est pas traître parce qu'on refuse de tuer un homme. Qu'est-ce que ce juge mort apportera à la Cause ? Rien. Ou plutôt si. Un jeune juge flambant neuf qui reprendra le flambeau pendant que tu crèveras dans une cellule où tu finiras par oublier qui tu es vraiment et ce pour quoi tu luttais. Et tu écriras sur les murs des prisons des colonnes de mots sous nos deux prénoms. Et l'Irlande sera toujours cette île balafrée pour laquelle tu ne pourras alors plus rien. Il sera trop tard. Il faut vaincre au grand jour et non croire à l'ombre et à la fuite. »

Elle but son verre par petites gorgées. Elle toussa un peu au début, mais s'habitua au goût rude et brûlant. Elle se servit un autre verre. Stiofán n'avait pas touché au sien. Il fouilla dans ses poches à la recherche de cigarettes. Il fuma en silence. Il avait le visage livide. L'écoute de mots, de pensées qui lui appartenaient et qui venaient de sortir de la bouche de Sineád l'avait bouleversé. Dehors, la pluie battait de nouveau la campagne.

« Stiofán, nous partirons demain », dit-elle doucement.

Elle avait fini son deuxième verre et sa voix devenait légèrement vaporeuse sous les effets de l'alcool pur.

« Demain, nous serons dans le sud.

— Ils me retrouveront Sinéad. »

Elle avait commencé un autre verre. L'alcool qui avait adouci sa voix, rendit soudain ses gestes violents. Debout devant lui, elle l'agrippa par le T-shirt et se mit à le secouer.

« Tu t'imagines ensorcelé et que la détonation de ton Armalite te libérera de tes démons. Tu te trompes. Elle ne fera qu'en créer de nouveaux qui ramperont à côté des autres à l'intérieur de ton corps. »

Stiofán lui serra légèrement le poignet et la fit asseoir sur sa chaise. La tête rentrée dans le creux de ses bras, Sinéad pleurait. Des sanglots feutrés, entrecoupés de long reniflements, Stiofán lui caressa les cheveux. Il pensa à ce qu'elle avait dit.

« Tu avais des rêves d'enfant et tu t'aperçois qu'ils ne collent plus à ton personnage d'adulte. »

Puis il lui murmura :

« Tu as raison. Partir. Nous embarquer sur un bateau. Bâtir une vie ailleurs. Nous pourrions faire un enfant qui marcherait vers le monde, tête haute, fort de nos deux histoires… »

L'alcool avait eu raison d'elle et elle s'était endormie. Stiofán la porta jusqu'à la chambre et l'allongea sur le matelas. Tout en tirant le drap sur elle, il lui chuchota.

« Partir, mon amour… Tu as raison. Mais partir demain m'est impossible. »

Le lendemain, Stiofán se leva avant elle. Il posa un baiser sur son front endormi et lui chuchota :

« Ne me demande pas pourquoi je fais ça. »

Elle poussa un faible gémissement et se tourna sur le côté. Stiofán s'habilla et alla à la cuisine se préparer un thé chaud. Finbar et Muireann étaient déjà partis, ce qui le surprit un peu, car il était à peine huit heures. Dehors, le ciel était déjà gris. De lourds nuages étaient posés sur la cime des arbres. Il s'installa à la fenêtre pour guetter Ciaran. Peut-être avait-il trouvé l'idée géniale qui les sauverait. Quelques minutes plus tard, Ciaran garait sa voiture juste devant la fenêtre de la cuisine. Pour une fois, il ne portait pas son uniforme de marabout à col blanc, mais un jean et un blouson. Son air soucieux ne donna guère d'espoir à Stiofán. Il attendirent l'arrivée des autres.

« Finbar n'est pas là ?

— Non, il est parti tôt ce matin, répondit Stiofán en lui servant une tasse de thé.

— Ça ne m'étonne pas. Il aura voulu éviter à Muireann d'être présente quand nous serons tous réunis », soupira Ciaran.

Stiofán alla s'asseoir sur le rebord de la fenêtre pour surveiller le chemin.

« Vous n'avez pas revu Declan depuis la dernière fois ?

— Non, répondit le prêtre. Mais ces derniers jours j'ai eu l'impression bizarre d'être suivi…

— Ça n'a rien de surprenant. Vous pouvez être sûr que notre ami vous a fait surveiller. Il ne vous aurait pas laissé vous défiler comme ça.

— Oui… À moins que ce ne soit la police. Ils sont déjà venus deux fois chez moi, tu te souviens ? »

Stiofán regarda le prêtre avec une expression d'inquiétude sur le visage.

« Qu'est-ce que vous racontez ? Vous croyez qu'ils se doutent de quelque chose ? »

Le prêtre baissa la tête et serra la tasse entre ses mains.

« Je ne sais pas… Je ne sais plus… Tout ça est sûrement le fruit de mon imagination. La vérité est que j'ai peur. J'ai peur parce que Declan nous a piégés et que je ne vois vraiment aucune échappatoire. J'ai eu beau réfléchir, je n'ai rien trouvé qui puisse nous sauver. Alors j'ai passé cette dernière nuit à prier. Mais je crains de ne pas avoir été entendu. »

Stiofán ne fut qu'à moitié rassuré par cette explication. Après un silence, le prêtre demanda :

« Et de ton côté, tu as une idée ?

— Non, malheureusement. En gros, nous avons trois options : refuser la mission, tirer en l'air ou tuer le juge parce que de toute façon il est condamné. Dans les trois cas, il faut aussi songer à s'en sortir vivant. »

Ciaran secoua doucement la tête. Ses mains tremblaient autour de la tasse.

« Et tout ça pour quoi ? murmura-t-il. Tout ça pour quoi ?

— On va bientôt avoir la réponse, coupa Stiofán. Les voilà qui arrivent. »

En effet, une R 16 descendait le petit chemin en titubant.

« Maintenant, il va falloir improviser », dit Stiofán en se dirigeant vers la porte. Il sursauta quand la tasse de Ciaran éclata sur le carrelage poussiéreux.

« Excuse-moi. Je suis un peu nerveux. Je vais ramasser.

— Non, laissez. Nous n'avons plus le temps. »

Le bruit avait réveillé Sinéad. Elle apparut au bout du couloir au moment où Stiofán refermait la porte d'entrée. Elle entendit des portières qui claquaient et se précipita à la fenêtre de la cuisine. Elle le vit, s'éloignant avec Ciaran, vers un homme et une femme en pantalon de jean et veste kaki qui attendaient mains dans les poches. Elle se précipita vers le placard. Ses pieds nus écrasèrent les débris de la tasse explosée. Elle poussa un cri de douleur, mais continua. Un filet de sang macula le carrelage. Elle ouvrit le placard, s'empara du fusil de chasse à deux canons puis claudiqua jusqu'à la porte d'entrée. Declan se tenait devant la voiture avec Elisabeth. Stiofán et Ciaran étaient de dos. Le petit groupe se trouvait au milieu de la cour, près du puits. Sinéad ouvrit doucement la porte, s'avança sur le palier et pointa son arme en direction du groupe. Dans le ciel montait le cri noir des corbeaux.

« Stiofán, ne fais pas ça, cria-t-elle. Tuer n'est pas dans ta nature. Dis-le leur. »

Stiofán et Ciaran se retournèrent instantanément. Au loin un vague bruit d'hélice habilla le silence matinal d'un rythme saccadé. Il passa d'abord inaperçu à cause du degré de tension qui venait de s'abattre sur la ferme.

« Ne fais pas ça », répéta-t-elle.

Declan jeta son mégot et fusilla Stiofán du regard.

« Qu'est-ce que c'est que cette embrouille ? Qui est cette fille ? », lança-t-il en serrant les dents.

— C'est une amie à moi. Ce n'est rien, je t'assure, je vais arranger ça tout de suite. »

Il songeait avec angoisse à la tournure que pouvaient prendre les événements à la moindre fausse note. Il répéta comme pour se rassurer :

« Ce n'est rien. Je vais lui parler. »

Elisabeth glissa lentement la main dans sa poche et sortit discrètement un Browning.

« Lui parler ? aboya-t-elle. Amène la ici tout de suite. Et retire-lui son fusil. »

Stiofán s'éloigna du groupe et marcha vers Sinéad qui braquait l'arme dans sa direction. À cet instant le bruit d'hélice qui n'avait été jusque là qu'un vague murmure devint plus précis. Stiofán s'arrêta et se retourna pour voir d'où il venait. L'espace d'une seconde, le temps fut suspendu. Tous levèrent les yeux. Un hélicoptère de l'armée venait de faire irruption dans le ciel bas et se dirigeait droit vers la ferme.

« C'est pas vrai », murmura Declan, incrédule.

Au même moment trois Rovers blindés apparurent en haut du chemin de terre.

« Là-bas ! » cria Elisabeth.

La panique gagna le petit groupe. Sans hésiter, Stiofán se précipita vers Sinéad et tous deux se réfugièrent à l'intérieur de la maison. Affolé, Ciaran regarda autour de lui et courut vers le puits.

« On nous a vendus », enragea Declan, en s'élançant vers la ferme.

Il fut stoppé net dans son élan par Elisabeth qui le força à se mettre à couvert derrière la voiture.

« Qu'est-ce que tu fais ? On ne peut pas rester là, c'est trop dangereux, lui cria-t-il.

— Écoute, il faut récupérer les mitraillettes qui sont dans le coffre, répondit Elisabeth.

— Mais, on ne pourra jamais les sortir sans risquer de se faire canarder. Regarde tous ces pourris qui débarquent. »

Sur le sentier menant à la route, les Rovers déversaient leurs soldats. Certains étaient déjà en position et avaient la R16 dans leur ligne de mire ; les autres se déployaient en vue d'encercler la ferme. Dans un vacarme infernal, l'insecte géant s'était immobilisé au-dessus de la cour. De son ventre béait une mitrailleuse prête à s'emballer.

« Les salauds, les salauds ! hurla Elisabeth. Tant pis pour les mitraillettes », ajouta-t-elle en armant son automatique.

Declan la regarda faire.

« Qu'est-ce qui te prend ?

— Quoi, qu'est-ce qui me prend ? Tu crois quand même pas qu'on va se laisser faire, non ? Sors ton artillerie au lieu de causer. On va descendre ce putain d'hélicoptère et rejoindre la maison.

— Descendre l'hélico ? Avec un pistolet ! ? Mais t'es cinglée. On n'a aucune chance.

— Pauvre con. Tu crois que je vais me laisser prendre vivante, sans lutter ? »

Un éclair de folie illuminait les yeux de cette guerrière du jusqu'au-boutisme. Elle s'arc-bouta en appui sur le capot de la voiture et, de son browning, visa l'hélicoptère.

« Ne fais pas ça », cria Declan en se jetant sur elle.

Il tenta vainement d'arrêter son geste suicidaire, mais c'était trop tard. Les coups de feu partirent se perdre dans les airs. La réaction fut immédiate. De l'appareil tomba un déluge de feu. Tous deux furent transpercés de balles. Sous l'impact, ils partirent à la renverse et leurs corps déchiquetés par les projectiles s'écroulèrent à quelques pas de la voiture. Presque simultanément, la R16 explosa dans un nuage de fumée noire. De longues flammes oranges montèrent vers le ciel. L'hélicoptère prit alors de l'altitude mais continua de tournoyer au-dessus de la ferme. Quelques instants plus tard, une voix métallique sortie d'un haut parleur en provenance des Rovers emplit la cour.

« Rendez-vous. Nous avons encerclé la ferme. Vous n'avez aucune chance. Jetez vos armes et sortez les mains sur la tête. »

De la cuisine, Stiofán et Sinéad avaient assisté horrifiés au massacre. Ils étaient restés pétrifiés, impuissants à sortir de cette scène cauchemardesque. Quand les armes se furent tues, Sinéad s'éloigna de la fenêtre et alla remettre le fusil dans le placard. Dos au mur, elle se laissa alors glisser jusqu'à terre. À ses pieds gisaient les débris de la tasse, mêlés de poussière et de sang.

Stiofán resta à la fenêtre pour observer ce qu'allait faire Ciaran. Celui-ci avait déjà sorti un mouchoir et l'agitait prudemment en direction des soldats. La voix reprit :

« Jetez votre arme et avancez mains sur la tête. »

Stiofán vit le prêtre se lever doucement et s'avancer à pas lents vers les Rovers. Lorsqu'il ne fut plus qu'à quelques mètres, deux soldats surgirent et s'emparèrent de lui sans ménagement. Stiofán demeura encore un instant immobile.

Ses pensées s'agrippèrent au morne brasier gisant dans la cour près des corps de Declan et d'Elisabeth.

« Où est donc cette corde de harpe ? Moi qui voulais l'entendre vibrer dans chaque goutte de pluie qui se dépose sur la terre d'Irlande... L'ai-je enfouie un peu plus plus profondément sous le fatras de cette violence vieille de huit siècles ? J'aurais pourtant juré l'entrapercevoir quand j'ai commencé mon combat. Ce combat illusoire et indispensable que j'ai été obligé de mener pour vivre. Ou survivre. Il se termine aujourd'hui comme il avait commencé hier, dans les flammes et le sang. Et Sinéad, au cœur innocent, va passer plusieurs années en prison... Moi, j'y finirai ma vie. Aussi utile à la Cause, à ma cause que cette carcasse de tôle qui se consume devant moi. Mon avenir s'annonce aussi lourd que mon passé. Me raccrocher à l'amour de Sinéad ? Aura-t-elle encore la force de m'aimer ? »

Sans un mot, il vint s'asseoir à côté d'elle. Il la serra doucement dans ses bras. Sinéad leva la tête. Son visage était pâle comme un matin d'hiver où toute vie semble figé. Dans ses yeux pourtant, nulle amertume, nul reproche, seulement la certitude d'aimer. Elle lui prit la main et plongea alors ses yeux dans les siens. Aucune parole ne vint troubler les mots de leur regard. Des mots d'amour infini au-delà de toutes les violences du monde et des murs à venir. Comme apaisés, ils attendirent ainsi, lovés dans le regard de l'autre. Quelques minutes plus tard, les soldats investirent la maison. Ils furent surpris de ne trouver au bout de leurs fusils que deux corps enlacés qui ne semblaient former qu'un seul être. Stiofán et Sinéad furent traînés à travers la cour et jetés dans un fourgon. La R16 continuait de brûler, illuminant le ciel gris.

IX

La camionnette de Finbar fut arrêtée au check-point entre la grand-route et le chemin de terre menant à la ferme. Quand il vit les soldats prenant position autour de son véhicule, le vieux paysan se tourna vers sa sœur.

« Ça devait bien arriver un jour », dit-il simplement.

Muireann ne répondit rien. Elle regardait droit devant elle, la gorge nouée d'un sanglot retenu. L'un des soldats leur fit signe de descendre. Un officier de la RUC en gilet pare-balles, arme automatique en bandoulière, s'approcha d'eux. Finbar prit la main de Muireann et fit face au policier

« Comment avez-vous su ? »

Le policier ne sembla pas surpris par la question du vieux paysan.

« On surveille votre ferme depuis déjà quelque temps. Ainsi que les allées et venues de ceux qui s'y rendent. Comme le curé par exemple. Deux micros placés chez lui lors de nos perquisitions nous ont appris beaucoup de choses intéressantes sur ce qui devait se tramer aujourd'hui.

— Vous les avez tués, n'est-ce pas ?

— Nous avons dû neutraliser les deux plus coriaces. Le trois autres se sont rendus. »

Puis il se tourna vers deux soldats qui se tenaient derrière lui et ordonna :

« Emmenez-moi ces deux-là aussi. »

Sans lâcher la main de sa sœur, Finbar fixa alors l'officier et lui lança d'une voix tremblante :

« Quand réaliserez-vous enfin que nous voulons seulement la justice et la paix sur notre île ? Que nous en avons assez d'être humiliés au quotidien par votre armée ? Ce que vous avez fait aujourd'hui ne sert à rien. La lutte va continuer. D'autres viendront qui crieront encore plus fort : "*Our day will come*, *our day will come* ! Notre jour viendra !" »

FIN

TABLE

NOTA BENE
ET REMERCIEMENTS

Les extraits des poèmes de W.B. Yeats sont tirés du livre de traductions, *Quarante-cinq poèmes de Yeats*, de Yves Bonnefoy, Hermann, éditeur des Sciences et des Arts, Paris, 1989.

Le Conte *La Messe de minuit* est une adaptation de *The Midnight mass* tiré du livre *Folks Tales of the Irish Countryside*, de Kevin Danaher, éditions Mercier Press.

Les extraits du *Green Book* de l'IRA sont tirés et adaptés du livre de Tim Pat Coogan, *The IRA*, William Collins Sons & Co. Ltd, Glasgow, 1987.

Je tiens ici à remercier particulièrement les personnes suivantes :

Ken Moran, l'informaticien ;
Eamon le Gardá ;
Christoph Michiels ;
et Bernard Brousse,
lecteurs du premier jour.

ACHEVÉ D'IMPRIMER
SUR LES PRESSES DE
L'IMPRIMERIE KELTIA GRAPHIC
29540 SPÉZET
POUR LE COMPTE
DES ÉDITIONS COOP BREIZH
29540 SPÉZET

LE 20 MARS 1998

DÉPÔT LÉGAL : 1er TRMESTRE 1998